D1611762

SCRIPTORUM CLASSICORUM

BIBLIOTHECA OXONIENSIS

OXONII

E TYPOGRAPHEO CLARENDONIANO

LONDINI ET NOVI EBORACI
APUD HUMPHREDUM MILFORD

APPENDIX VERGILIANA

SIVE

CARMINA MINORA VERGILIO ADTRIBVTA

RECOGNOVIT
ET ADNOTATIONE CRITICA INSTRVXIT

R. ELLIS

LITTERARVM LATINARVM PROFESSOR PVBLICVS APVD OXONIENSES

OXONII

E TYPOGRAPHEO CLARENDONIANO

Editio Prima 1907

Editionem alteram phototypice excudebat
SOCIETAS MUSTONIANA 1927

Impressum Londini Anglorum
Per LOWE & BRYDONE
apud PARK STREET, CAMDEN TOWN, N.W. 1

PRAEFATIO

SERVIVS[1] in Prolegomenis ad Aeneidem, postquam Vergilio adsignauit epigramma in Ballistam latronem *Monte sub hoc lapidum tegitur Ballista sepultus, Nocte die tutum carpe uiator iter,* haec addit : *scripsit etiam septem siue octo libros hos : Cirin Aetnam Culicem Priapea Catalepton Epigrammata Copam Diras.* Vbi quod dubitauit septem an octo libri essent non eum credo *Aetnam* respexisse, de qua, teste Donato siue potius Suetonio, ambigebatur num esset Vergilii ; incertum potius habuerunt, ut Sabbadinio uisum est, Priapea, Catalepton, Epigrammata, siue, ut hic idem auctor est, Catalepton titulus communis fuit, Priapea Epigrammata tituli singulares ; siue alio quo modo se res habuit, de quo non hic uacat disputare.

Altera pseudo-Vergilianorum carminum series habetur in Donati uita Vergilii (p. 58 Reifferscheidianae editionis Suetonii Reliquiarum) qui post distichon in Ballistam haec adicit opuscula : *deinde catalepton et priapea et epigrammata et diras, item cirim et culicem, cum esset annorum XVI, cuius materia talis est : pastor fatigatus aestu cum sub arbore condormisset et serpens ad illum proreperet e palude, culex prouolauit atque inter duo tempora aculeum fixit pastori. at ille continuo culicem attriuit et serpentem interemit ac sepulchrum culici statuit et distichon fecit.* Parue culex, pecudum custos tibi tale merenti Funeris officium uitae pro munere reddit. *Scripsit etiam de qua ambigitur Aetnam.* Ab hac serie abest *Copa,* at *Moretum* ab utraque ; quae si

---

[1] Vide dissertationem Henrici Nettleship 'Ancient Lives of Vergil' Oxonii impressam anno 1879.

accesserint reliquis, totus numerus ad nouem consumma-
bitur.

Culicem qui Vergilii haberetur fuisse in manibus Lucano
patet ex Donati uita Lucani p. 50, Reiff. *Aetatem et initia
sua cum Vergilio comparans ausus sit dicere Et quantum mihi
restat ad Culicem*, et Statio S. II. 7. 74 *Ante annos Culicis
Maroniani* et Praef. Silv. I, *sed et Culicem legimus et Batracho-
myomachiam etiam agnoscimus nec quisquam est illustrium
poetarum qui non aliquid operibus suis stilo remissiore prae-
luserit*, et Martiali VIII. 56. 19–20 *Protinus Italiam concepit
et arma uirumque Qui modo uix Culicem fleuerat ore rudi*,
XIV. 185 *Accipe facundi Culicem studiose Maronis, Ne nucibus
positis arma uirumque legas*, et Nonio (211. 24) *Labrusca
. . . neutro Vergilius in Culice* (53) *Densaque uirgultis auide
labrusca petuntur.*

Catalepton siue ut Ausonius scribit pluraliter *Catalepta*
non solum grammatici agnoscunt, uelut Marius Victorinus
p. 137 K. *repetitum ter haud aliter quam ut aiunt fecisse Vergilium nostrum iambico epigrammate thalassio thalassio
thalassio* (Catalept. XII. 9), sed Quintilianus (VIII. 3. 27)
epigramma secundum integrum attulit omisso tamen u. 2:
*multa alia etiam audentius inseri possunt, sed ita demum, si
non appareat adfectatio, in quam mirifice Vergilius* 'Corinthiorum . . . miscuit fratri', et Ausonius idem epigramma
in Grammaticomastige citauit sed ita mutatum ut ab
editione Cataleptorum quae ad nos in Bruxellensi codice
descendit longe discrepet nec cum ea ut concordet possit
cogi. Plinius quo nomine dicturus fuerit *P. Vergilii
uersiculos seueros parum* (Epist. V. 3. 2) si eorum expressius
mentionem fecisset, incertum est: potuit Epigrammata,
potuit Catalepton uel etiam Priapea appellare.

Cirin[1] legisse uidetur Seruius qui ad Ecl. VI. 3 (quem

[1] De hoc epyllio magnam nuper litem mouit Skutschius duobus
libris *Aus Vergil's Frühzeit* (1901) et *Gallus und Vergil* (1906) ubi

locum monstrauit Naekius ad Diras p. 225, ita autem impressit Thilo ut ad pseudo-Seruium reuocaret) haec habet : *alii Scyllam eum scribere coepisse dicunt in quo libro Nisi et Minois, regis Cretensium, bellum describebat.*

Copae non solum u. 31 ad suos usus transtulit Nemesianus Ecl. IV. 46 *Hac age pampinea mecum requiesce sub umbra,* quae paene ad uerbum imitatio est, sed Charisius etiam p. 63 K. testatur eam Vergilium *Cupam* inscripsisse.

Dirarum u. 127 (*Lyd.* 24) imitatus uidetur Epigrammatista apud Buechelerum 1166.5, 6 *Doctior in terris nulla puella foret.*

Aetnam tamquam Vergilii Seruius legerat, qui ad Aen. III. 571 dicit : *et causa huius incendii secundum Aetnam Vergilii haec est ; sunt terrae desudantes sulpur, ut paene totus tractus Campaniae ubi est Vesuuius et Gaurus montes, quod indicat aquarum odor calentium. item nouimus ex aquae motu uentum creari, esse etiam concauas terras.*

Praeterea *Moreti* u. 48 *Leuat opus palmisque suum dilatat in orbem* Mico[1] Leuita (A.D. 825–53) in opere prosodiaco quod ex codice saec. xi–xii edidit L. Traube (in Duemmleri Poet. Latin. aeui Carolini tom. III. p. 279 sqq.) et *Copae* 17 *Sunt et caseoli quos iuncea fiscina siccat* seruauit : *Aetnae* 319 *Pugnantis suffocat iter uelut unda profundo* extat in *Exemplis diuersorum auctorum,* quem libellum Miconis prosodiaco non dissimilem habent codices duo, Vat. Regin. 225 saec. ix/x et Paris. 4883 A, sed hic truncatum nec nisi uu. 170 primos amplexum[2] (Chatelain, Revue de Philologie VII. 65–77).

uersus *Ciri* communes cum Eclogis Georgicis Aeneide, quos plerique poetam de Vergilio mutuatum credunt, ipse Skutschius Vergilium ex *Ciri* sumpsisse contendit ; scriptorem autem *Ciris* facit Cornelium Gallum, cuius amicitia perductus Vergilius ex eo plurima suis carminibus intulerit.

[1] Scripsi de Micone pp. 9–21 Tomi XXII Diarii Philol. Cantabrig. (Cambridge Journal of Philology, 1894).

[2] Ex his *Exemplis* elucet nomen *Catalepton* Epigrammatibus siue

PRAEFATIO

Ceterum inter codices antiquissimos quibus haec opuscula
continentur sunt qui alium et quasi peculiarem titulum prae
se ferant. Velut omnium optimus Bembinus (Vat. 3252)
saec. ix scriptus, initio *Culicis*, quod carmen praecedit ceteris,
haec habet uncialibus litteris exarata, *Poetarum sapientissimi Publii Virgilii Maronis condiscipuli Octauiani Caesaris
Augusti mundi imperatoris iuuenalis ludi libellus incipit.*
Eademque Treuericus siue Augustanus Naekii (Dir. p. 358),
Petauianus, quem ueterrimum codicem Heinsius uocat ad
Ouid. Epist. XIX. 26, Parisinus 8069, Mediceus plut.
xxxiii. 31.

Hunc titulum 'satis remotae antiquitati et quae facile
aequet uel etiam superet Donati et Seruii aetatem' uindicauit
Naekius (p. 223). Contra quem dubito semperque dubitaui
num bonae uetustatis essent illa 'poetarum sapientissimi'
'mundi imperatoris' atque adeo nouissimum illud 'iuuenalis
ludi', quamquam Diomedes, de epigrammate quodam amisso
loquens quod Priapeo metro conscriptum est, dixit Inst.
Gramm. p. 512 K. '*Friapeum quo Virgilius in praelusioni-
bus suis usus fuit*', simul allato uersu 'Incidi patulum in specum
procumbente Priapo' qui nec inter Priapea tria quae hodie
Vergilii habentur nec in Cataleptis siue Epigrammatibus
legitur. Quid? nonne eadem opera antiqua censebuntur
uerba illa Bembini (Vat. 3252) quae post Moretum scripta
sunt *Septem ioca iuuenalia Virgilii finiunt*, uel Parisini 8074
et ipsa post Moretum *expliciunt parui libri Virgiliani*?

Ex Seruiano catalogo opusculorum tria sunt quae cum
ceteris *Aetna Culice Copa Diris* coniuncta non inueniuntur

poematiis uarii generis inditum esse; nam CATL CATAL CAT
recte sic Chatelainius interpretatus uidetur. Adhaesit autem id
his uersibus 116, 117, 199, 202, 203, 204, 216. Ex quibus 116
Aetnae est, 117 Lucani, 199 Anthol. Lat. 448 (Riese), 202 Martialis,
203 Martialis, 204 Martialis, 216 ignoti. Lucani 117 fuisse, ac tamen
CATL adscriptum habuisse, per errorem, credo, factum est; *Aetnae*
uersus ex codice fortasse uenit ubi cum Cataleptis Vergilianis
coniuncta *Aetna* fuerat.

viii

nisi in recentissimis MSS. Ea sunt *Ciris Priapea*[1] *Cata-lepton*, quae nec in Bembino nec in eius apographo (sic enim potest haberi) Bodl. Auct. F. 1. 17 nec in Parisinis TEP (8069, 8093, 7927) nec in fragmento Stabulensi (Paris. 17177) nec in Mellicensi[2] codice locum habent. At *Moretum*, quamuis ab utroque catalogo opusculorum et Seruiano et Donatiano absit, cum *Aetna Culice Copa Diris* non raro coniungitur : quod idem cadit, et quidem saepissime, in illa *Est et Non Vir Bonus Rosae*, haec enim nescio quo tempore in priorem syllogen adsumpta et tamquam Vergilii lectitata sunt.

Habemus[3] igitur, ut nunc est, duplicem syllogen pseudo-Vergilianam, quarum in priore coniunguntur *Culex Copa Dirae*, nonnumquam *Aetna* et *Moretum*, plerumque *Est et Non Vir Bonus Rosae* ; in altera *Ciris Priapea Catalepton* uel, ut per codices tradita sequar, *Ciris Catalepton*[4].

Harum duarum syllogarum diuersissima sors, ualde inaequalis fuit condicio. Prior enim, cuius optimum Bembinus (Vat. 3252) specimen habetur, in multis eisdemque ueterrimis codicibus conseruata ad nos peruenit : uti ex codicum siglis quae unicuique poematum adposui apparebit. At *Ciris Catalepton* ex uno tantum pendent codice qui quidem bonus sincerusque sit, Bruxellensi 10675, et ne in hoc quidem *Ciris* nisi uu. 454–541 extant, unde factum est ut

---

[1] Si modo tria illa carmina ad Priapum quae ad nos peruenerunt praefixa Cataleptis aut eadem sunt aut inter ea quae Seruio ac Donato Priapeorum nomine innotuerant.

[2] Codex est monasterii Mellicensis (*Mölk*) iuxta Vindobonam (Vienna) collatus a Carolo Schenkl, a quo saeculi xi existimatus est.

[3] At in quodam codice monasterii Murbacensis simul scripta est tota series *Dirae Ciris Culex Catalepton Aetna Priapea Copa Moretum* cum *Maecenate* ; hunc enim ordinem tradit Catalogus Murbacensis saec. ix–x apud Matter, *Lettres et pièces rares* p. 40 (Manitius, *Philologisches aus alten Bibliothekskatalogen* p. 39).

[4] Bembinus hunc ordinem habet : *Culex Dirae Copa Est et Non Vir Bonus Rosae Moretum*, qui idem in Bodl. Auct. F. 1. 17 seruatus est.

ix

longe maxima pars huius epyllii corrupta ut ex corruptis codicibus ducta repraesentetur. Id damnum quam graue sit ex *Cataleptis* manifestum fit : quae uitiata quidem non paucis locis praebet Bruxellensis, at multo uitiosiora ceteri codices Arundelianus 133, Rehdigeranus 1. 6. 17, Monacensis 18895, Mediolanensis O. 74 sup. Vna tantum res est in qua Bruxellensem hi ampliant ; nam post Catal. XIII. 16, seruarunt epigramma quod abest a Bruxellensi *Callide mage sub hec caeli est iniuria saecli Antiquis hospes non minor ingeniis Et quo Roma uiro doctis certaret Athenis Ferrea sed nulli uincere fata datur*, sed hoc tam foede deprauatum ut prorsus lateat is hospes qui cum Athenis ingenio certaturus fuerit. Qui quamquam in hoc praestant Bruxellensi, neque a tempore quo scripti sunt neque a condicione carminum cum *B* sunt ullo modo comparandi ; nam Bruxellensis ad· saeculum xii redit, ceteri ad xv : Bruxellensis raro (nisi excipias XIII) tam corruptus ad nos descendit ut non possit sagacioribus uiam aperire interpretandi. Contra Arundelianus et eius consortes Rehdigeranus Monacensis Mediolanensis discerptione et distractione uerborum ita deformantur, adeo scatent omni genere errorum ut plerumque merito pro nihilo habendi, ne dicam prorsus abiciendi uideantur. Hoc non solum autumant qui eos ante me excusserunt uelut Ribbeckius Baehrensiusque, sed ipse pro me confirmo perlecto bis terue . Bruxellensi, in hoc uno acquieuisse, in istis nihil inuenisse praeter paucissima quod cum ullo fructu desumi posset.

Sed ad priorem syllogen ut redeam, longe aliter se res habet. Ne *Aetnam* quidem excipio, quamquam in duobus tantum MSS, Cantabrigiensi (C) et fragmento Parisino quod Stabulense (S) dicitur, huius sylloges particeps est : nam Cantabrigiensis *Culicem* et *Aetnam*, Stabulensis praeter *Aetnam* habuit olim *Culicem Diras Moretum Copam Rosas Est et Non Virum Bonum*. Sed in *Aetna* ea materia carminis

fuit quae et cum primum legeretur interpretantes falleret
daretque ansam uerba deprauandi, et postquam ruente re
Romana grassante barbarie difficilia quaeque minus intelle-
gerentur, paulatim labem traheret uniuersa, proderetque
singulis saeculis corruptiorem. Sed tamen ex duobus illis *C*
et *S*, si cum recentiore stirpe codicum conferantur, apparebit
quantum distent ab integris interpolati, quid sequens quid
uitans *Aetnae* editor ad lucem ueritatemque peruenturus sit.
Sed de hac re fusius dixi in editione mea anni 1901.

Moretum, quod sicut *Aetna* interdum prioris sylloges partem facit, interdum seorsum exaratum legitur,
duos quidem uersus 36 *Continuis rimis calcanea scissa rige-*
bant, 75 *Hic etiam nocuum capiti gelidumque papauer* admisit
a scriptore carminis alienos : sed hi ambo absunt ab
antiquissimis MSS, ut pro interpolatis merito habeantur;
cetera in carmine aut manca, uelut 77, aut leuiter corrupta,
uelut 13 (quem optime correxit Buechelerus), 15 de quo
adhuc ambigitur, 66, 80, aut difficilia tantum et incertae
explicationis sunt. Nam in uniuersum habemus integrum
poema sincerumque et quale a suo scriptore relictum est :
nec me nihil credo ad hoc emendandum profuisse codices
aut nouos proferendo aut parum notos denuo excutiendo.

Copa post Silligii Ribbeckiique curas qui sinceros codices
primi exhibuerunt pauca tantum habet quae scrupulum
moueant : 5 *topia et kalibes,* 25 *calibita* al. *alibida,* 28 *uere,*
29 *nunc,* 36 *ista.*

Culicis media est condicio, nec multas interpolationes
passi et multis tamen uitiis laborantis, praecipue in prooemio
(1–41) et uu. 260–380, quibus uix ulla pars horum
opusculorum interpretes magis detinuit exercuitque. Vni
tamen loco Ribbeckius certam medelam attulit cum
u. 334 pro corrupta lectione codicum *gener amplis* corrigeret
generamen prolis ; alteri nos ipsi opitulati sumus cum Romae
commorantes ac nescio qua fortuna usi ex Corsiniano

codice uersui conclamato 366 *Legitime cessit cui facta potentia regis* lucem adfudimus restituto quod uerum omnes fatentur *Cui cessit lidithime facta p. r.* h. e. *Cui cessit Lydi timefacta p. r.* Id cum huius modi sit ut nitorem suum uersiculo reddiderit, perpendendae erunt ceterae quoque quae in eo codice sunt a plerisque codicibus diuersae lectiones : quas omnes in editione sua secunda Ribbeckius, nunc in hac nostra ipse denuo exhibui. Vide disputationem meam in Diario Philologico Cantabrigiensi anni 1887 et quae postea in Recensione Classica anni 1892 scripsi.

At in *Diris* crudeliter saeuiit iniuria temporum, adeo ut uix *Aetnae* ipsius peius deformata sit facies. Sane habemus textum *Dirarum* ut uetustiorem alterum, ita alterum recentiorem : priorem longe plurima pars codicum, alterum Vat. 3269 repraesentat. Sed ex hoc altero recentiore uix quidquam indages quod uerum existimandum sit ; neque unde profluxerit, a quo descriptus is codex fuerit, nouimus ; nam quod credideram[1] ab Enoc Asculano et in Danis, id nunc uideo incertissimum esse, cum subscriptio illa quae post elegiam de *Maecenate* in Vat. 3269 seruata est, *Finit elegia inuenta ab ʰenoc in dacia,* ad *Maecenatem,* non ad *Diras* pertineat, et *dacia* ad Hungariam[2] potius, non ut ratus est Tycho Mommsen (Mus. Rhen. VI. 628) ad Danos (Denmark) referri possit. Itaque et lacuna illa quae est ante u. 34 *Nequiquam, nostris potius deuota libellis* uniuersos codices inuasit, et inter Dir. 103 et 104 qui uersus initium facit noui poematis, *Lydiae* merito a Fr. Iacobs adsignati, uestigium interstitii nullum praebent MSS : uerum etiam in toto carmine, ac praecipue in 104–183 (*Lydia*), adeo uitiosa

---

[1] American Journal of Philology VIII. p. 408.

[2] Sic Henricus VIII rex Anglorum in exemplari *Assertionis 7 sacramentorum aduersus M. Lutherum* quod Ludouico II Hungariae regi donauit titulum sua manu adscripsit *regi Daciae* (Monograph of the Rylands Library, 1906, p. 34).

non paucorum uersuum est condicio ut a nemine adhuc, ne
a Naekio quidem longe omnium eruditissimo, plenam expli-
cationem acceperint, uelut 42 *non iterum dicens erebo tua
lidia dixti,* 66 *nil est quod perdam ulterius merita omnia ditis,*
93 *et prima nouissima nobis,* 116 *uenerem stipendia flores,* 143
inque uicem phoebi currens atque aureus orbis, 146–148 *Phoebe
gerens in te—secum sua gaudia gestat* quae incredibili modo
corrupta sunt, 151 *Condicio similisque foret mortalibus illis,*
159 *Inmatura meae quoque nece soluere fa(c)ta,* 171 *grandia
formoso supponens gaudia collo,* 182 *tanta uite meae cordis
fecere rapinam.* Quae, ut omittam alia, satis per se indicant
altius et in profundo uitiatas has *Diras* iam eo tempore fuisse
quo, circa A. D. 800 renascente sub Carolo Magno studio
Romanarum litterarum, in manus doctorum reuenerunt.
De aetate *Dirarum* non hic est locus disputandi : necdum
tamen mihi persuasi non esse a Valerio Catone scriptas ac
uetustioris quam nunc perhibentur saeculi.

Restant tria poemata *Est et Non Vir Bonus Maecenas.*
His potuit adici *Rosetum* siue ut in aliis codicibus est *Rosae* :
hoc enim fere semper duobus illis *Est et Non* et *Viro Bono*
adhaesit in MSS et Vergilio adtributum est. Id tamen omisi
ut recentius et a Vergilii aeuo alienum, praesertim si uerba
ac dictiones perpendas, quales a Naekio obiciuntur, e. g.
uegetare, anticipare. Quid quod Ausonianum ut dicitur in
nonnullis MSS (Schenkl Auson. p. 243) sic Ausonii uere
poterat esse, nisi celsius aliquid, ne dicam sublimius,
spiraret Ausonio.

Quod illa *Est et Non Vir Bonus* inter pseudo-Vergiliana
nostra locum habent, nolui legentes fraudare insolito
commodo quod et in Bembino extant, et alterius *Est
et Non* codex omnium ut uidetur integerrimus, Basilicanus
H. 36, propter difficultatem bibliothecam adeundi, rarius
nec nisi ab uno alteroque inspectus est. Dico Basili-
canum S. Petri in urbe Roma ; sed et admirandae uetustatis

sunt. Montepessulanus 212 et Parisinus 13026, quorum in utroque *Est et Non* seorsum nec cum *Viro Bono* coniunctum extat. Nimirum lectitabatur saepius et a multis *Est et Non*; fortasse propter S. Pauli uerba 2 Cor. i. 19 *Iesus Christus non fuit Est et Non sed Est in illo fuit.* Ego ex his tribus et Bembino textum poematii curatius edidi quam a quoquam ante me factum est: cuius rei fecit me compotem benignitas Fr. Ehrle, Soc. Ies., qui meo rogatu totum poema exscripsit ut in H. 36 Bibliothecae Basilicanae exaratum est: sed et uiro clarissimo, Bonneto, acceptum refero plenius apographon Montepessulani.

Quod ultimum est, *Maecenatis* Elegia, ad hoc quoque noua subsidia non defuerunt, Paris. 16236 uu. 1–43, et Mellicensis uu. 1–25 continens; tum praeter Arundel. 133, Vaticanum 3269,[1] Phillippicum 7283, etiam Bodleianus Auct. F. 4. 28, qui olim 'Petri Seruii medici' Romani fuit: de quo disseruit F. Madan in Catalogo codicum Occidentalium n. 8863. Quo in edendo carmine multum me iuuit Alexandri Riesii nostri noua recensio quam in Anthol. Lat. II. 760 publicauit. Ea elegia seriem Pseudo-Vergilianam claudit in Catalogo Murbacensis Coenobii saec. ix–x apud Manitium Mus. Rhen. XLVII.

Liceat nobis libros subiungere ubi de his opusculis disputauimus: de *Culice* in Diarii Philologici Americani tom. III, VIII, XXVI; de *Ciri* tom. VIII, XV, XVI, XXVI; de *Copa* et *Cataleptis* tom. VIII; de *Diris* et *Lydia* tom. VIII, X, XI, XX; de *Maecenate* tom. VIII, IX. Praeterea de *Diris* scripsi in Diario Philologico Cantabrigiensi tom. VIII; de *Culicis* Corsiniano codice eiusdem Diarii tom. XVI et Recensionis Classicae tom. VI. His accedat in eiusdem Recensionis tom. X. 177–183 (1896) disputatio

---

[1] Huic compar est Leidensis Voss. Lat. O. 96 ubi post *Maecenatem* eadem subscriptio est (Bährens P. L. M. I. p. 125, Sabbadini *Scoperti dei Codici Latini e Greci ne' Secoli* xiv e xv, p. 142).

nostra de loco ubi *Culicis* historia acta fingitur 'A theory of
the *Culex*' et praelectio anno 1906 Oxonii habita ubi de
Digbiano codice 100, de *Est et Non Viro Bono Rosis*,
de *Copae* et *Moreti* quibusdam locis egimus.

Inter doctos qui me in his edendis adiuuerunt praeci-
puas grates debeo Fr. Ehrle, Bibliothecario Vaticano, H.
Omont Parisiensi, G. F. Warner, custodi codicum Musei
Britannici, F. Madan, R. L. Poole, H. de la Garde Grissell,
Oxoniensibus, quorum carens auxilio multa siue propter
absentiam siue legendi difficultatem in dubio relicturus
fueram.

Oxonii
Mense Martio MCMVII.

SIGLA CODICVM

$\left.\begin{array}{l} B \\ F \end{array}\right\}$ = Bembinus Vat. 3252 saec. ix
= Bodl. Auct. F. 1. 17 xiv

E = Paris. 8093 $\left.\begin{array}{l}\\\\\end{array}\right\}$
P = Paris. 7927 Π consensus horum trium x
T = Paris. 8069

Ω = consensus codicum *BF* Π qui archetypon fide-
lissime tradiderunt, ut interpolationis nulla
subsit suspicio

M = Mellicensis x–xi
S = fragmentum Stabulense, Paris. 17177 xi
Cant. = Cantabrigiensis Kk. v. 34 x
Cors. = Corsinianus 43 F 5 (olim 64) xiv
V = Vaticanus 2759 xiii
Vatic. 1586 xiv–xv
Voss. = Vossianus Lat. Oct. 81 xv
Mediol. = Ambrosianus O 74 sup. xv
b = Mus. Brit. Add. 16562 scriptus anno 1400
$\left.\begin{array}{l} G \\ \Gamma \end{array}\right\}$ = fragm. Paris. 8207 uu. 1–94 continens xiii
= eiusdem alterum apographon Mus. Brit.
Harl. 2534 xiii

Lvsimvs, Octaui, gracili modulante Thalia,
atque ut araneoli tenuem formauimus orsum.
lusimus : haec propter Culicis sint carmina dicta,
omnis ut historiae per ludum consonet ordo
notitice, doctumque uoces, licet inuidus adsit.   5
quisquis erit culpare iocos Musamque paratus,
pondere uel culicis leuior famaque feretur.
posterius grauiore sono tibi Musa loquetur
nostra, dabunt cum securos mihi tempora fructus,
ut tibi digna tuo poliantur carmina sensu.   10
      Latonae magnique Iouis decus, aurea proles,
Phoebus erit nostri princeps et carminis auctor
et recanente lyra fautor, siue educat illum
Arna Chimaereo Xanthi perfusa liquore,

CVLEX PVBLII VIRGILII MARONIS INCIPIT *Cant. B*   INCIPIT CVLIX
PVBLII VIRG̃ MAR̃. *M*
                     or
   1 camena Γ   2 usum *V* : ursum *BEMT Cant.*   3 culici *M*
sunt *Cant.*   docta *BEMPT Cors. Cant.* : dicta *Vossianus cum V et*
Vat. 1586   4 ut *Mediol.* : et Ω   proludens consonat *G*Γ   5
                          .que
notit(c)ieque (noticie   Γ) ducum uoces *codd. praeter Mediol. et Vat.*
1586 *quorum hic* notitiaeque ductum uoces *ille* noticiaeque ducumque
uoces *habet* : notitiae, ducam uoces *Sillig*   6 eris *Cors.*   7
feratur *Scaliger, Heinsius* : *num* feraris?   9 maturos *Heinsius*
mentempiam *T* : *an* mea tempora ?   10 dignato Ω : digna tuo
Bembus   poliantur ΠΓ*G Cors.* : spoliantur *BMV Cant.*   uersu *G*Γ
11 prolis *Cors.*   12 actor *VG*   13 recanente Π *Cant.* : recinente
*BMG*Γ *Cors.*   14 alma Ω : Arna *Haupt* : Acta *Sillig*   cireneo *G* :
cythareo Γ
   APP. V.   1

seu decus Asteriae, seu qua Parnasia rupes   15
hinc atque hinc patula praepandit cornua fronte,
Castaliaeque sonans liquido pede labitur unda.
quare Pierii laticis decus, ite, sorores
Naides, et celebrate deum plaudente chorea.
et tu sancta Pales, ad quam uentura recurrit   20
agrestum †bona secura sit cura tenentis†
aerios nemorum cultus siluasque uirentis :
te cultrice uagus saltus feror inter · et antra.

    Et tu cui meritis oritur fiducia chartis,
Octaui uenerande, meis adlabere coeptis,   25
sancte puer, tibi namque canit non pagina bellum
triste Iouis ponitque . . . .
Phlegra, Giganteo sparsa est quae sanguine tellus,
nec Centaureos Lapithas compellit in ensis,
urit Erichthonias Oriens non ignibus arces,   30
non perfossus Athos nec magno uincula ponto

    15 asteriae *M* : asterie *Cors.* : astrigeri *B*Π : astrigerum Γ : astriferum *G*   16 prependit *suprascr.* † pretendit Γ : pretendent *G*   17 sonas liquida *Cors.* : liqo *M*   19 plaudente *Bembus* : laudente *Cant.* : ludente Ω   20 quod tu *G*   ad quam (quem *Cant.*) uentura recurrit Ω : uotiua *Heinsius* : gens dura *Sillig*   21 agrestum bona secura (fetura *V Cors.*) sit cura tenentes (tenentis *BM Cors. Cant.*) Ω *Longe aliter duo codices G*Γ, *quorum habet* agrestum bona sors cura
secura tenensque *G* : agrestum bona   sɪt secura   sɪt cura
tenentem Γ, *unde conieceram* agrestum bona sors securaque lucra. tenesque : agrestum fetura *Heinsius* : agrestum bona gens secure rura tenentum *Haupt* : bona turba recurrit agrestum secura sibi sua rura tenentes *Ribbeck*[1] : bona turba r. ag. uoti secura, tuere tenentem *Baehrens* 23 cultrice Ω, *cf. Stat. Theb.* IV. 425 'nemori Latonia cultrix additur' : tutrice *Scaliger*   astra Ω : antra *Heyne*   24 canis *G*Γ : castis *Cant.* : *num* castris ?   25 allabere *G*Γ   27 *post* ponitque *codices addunt* canit non pagina bellum, *ex* 26 *per errorem repetita,* ⟨acies quibus horruit olim⟩ *suppleuit Buecheler*   uersum *om.* VG   ponitque Ω : Rhoecique *uel* Coeique *Taubmann* : Rhoetique *Gronouius* : Cottique *Oudendorp* : Phorcique *Sillig* : Pontique *ego olim*   28 est *om. Cant.* que Π*BM* : quo *G*Γ : quom *Sillig*   30 urat *B* : uertit *G*Γ   erechthonias *B* : erecthonias Π

iacta meo quaerent iam sera uolumine famam,
non Hellespontus pedibus pulsatus equorum,
Graecia cum timuit uenientis undique Persas,
mollia sed tenui decurrere carmina uersu   35
uiribus acta suis Phoebo duce ludere gaudent.
haec tibi, sancte puer, memorabimus, haec tibi restet
gloria perpetuum lucens mansura per aeuum.
et tibi sede pia maneat locus, et tibi sospes
debita felicis memoretur uita per annos,   40
grata, bonis lucens.   sed nos ad coepta feramur.

  Igneus aetherias iam Sol penetrarat in arces
candidaque aurato quatiebat lumina curru,
crinibus et roseis tenebras Aurora fugarat:
propulit e stabulis ad pabula laeta capellas   45
pastor, et excelsi montis iuga summa petiuit,
florida qua patulos uelabant gramina collis.
iam siluis dumisque uagae, iam uallibus abdunt
corpora, iamque omni celeres e parte uagantes

32 iacta *Mediol.*: lecta *GΓ* : laeta *BMΠ Cant.*: leta *V Cors.*   iam
sera *codd. praeter G* : per tanta *G, fort.* lecta m. q. portanda u. f.
uolumina Ω   34 contenuit *G* : 9tinuit (*suprascr.* cum) Γ
uenientis *BT Cors.*: uenientes *MGΓ*: uehementis *Cant.*   35 decurrere *Heinsius* : pede currere (curre *M*) carmina *BMPT Cors. Cant.* :
pede carmina currere *VGΓ*   uersum *T quod genetiuus poterat
esse*   molli sed tenuis decurrens carmine uersus *Haupt*   36
acta *G* : apta *cett.*   gaudent *G* : gaudet *cett.* cum Γ   37
hec *GΓ* : hoc *BMPT Cant.*   memorabilis *BMPT Cant.* : memora-
bili *Cors.* : memorabitur *GΓ Scaliger* : memorabimus *scripsi*   haec
scripsi : et Ω   restet *scripsi* : certet *codd. nisi quod M habet* certit, *Cant.*
cernet : certa est *Bothe* : crescet *Sillig*   hoc tibi, sancte puer,
memorabile (*sic etiam Foerster*) ; sit tibi certe gloria *Buecheler*   40
felicis *BFMT Cant.* : felices Γ   remoretur *Baehrens*   42 ignibus
GΓ   ethneas *G* : oeteas *Scaliger*   penetrat *B¹*, ra *manus recentior suprascripsit* : penetrabat *Leo*   44 fugabat *Cors.*   45 protulit
GM¹   pabula *ex* patula *M*   laeta] nota *Cant.*   47 florida *Fr.*
Iacobs : lurida Ω *quod retinebat Naeke Dir. p.* 43 tamquam in monte
excelso et in summis iugis non soleant admodum laete uirescere gramina,
et sic Buecheler : humida *GΓ* : lubrica *adnotator Aldinae* 1517 (*Vat.*
                                        o
Ottob. 2894) : rorida *Haupt*   patulas *Cors.*   49 celera se p. *M*
uagantes] *num* meantes?

1*

tondebant tenero uiridantia gramina morsu.   50
scrupea desertis haerebant ad caua ripis,
pendula proiectis carpuntur et arbuta ramis,
densaque uirgultis auide labrusca petuntur.
haec suspensa rapit carpente cacumina morsu,
uel salicis lentae uel quae noua nascitur alnus;   55
haec teneras fruticum sentis rimatur, at illa
imminet in riui prostantis imaginis umbram.

  O bona pastoris, si quis non pauperis usum
mente prius docta fastidiat, et probet illi
somnia luxuriae spretis incognita curis,   60
quae lacerant auidas †inimico pectore† mentes.
si non Assyrio feruent bis lauta colore
Attalicis opibus data uellera, si nitor auri
sub laqueare domus animum non angit auarum,
picturaeque decus, lapidum nec fulgor in ulla   65

---

53 *Nonius* 211 'Labrusca neutro. Virgilius in Culice Densaque
uirgultis auide labrusca petuntur.'

                                                scrupea ! lapidea
  50, 51 *transponebat Bembus*   50 tenera *M*   51 ruppea *G*
desertis *GΓV* : desertas *BMΠ Cors. Cant.*   herebant *BMΠ Cors.*
Cant. : errabant *GΓV*   ripis *Γ et ex* ruppis *G* : rupis *V* : rupes *BMΠ*
Cors. Cant.   desertae perrepunt ad caua rupis *Bembus* : surrepunt
Ribbeck : perreptant *Baehrens* : *an* reptabant ? *Lucr.* II. 317 'nam
saepe in colli tondentes pabula laeta lanigerae reptant pecudes'
quem locum attulit Taubmann   52 raris *marg.* ramis *Cors.*
54 cauimina *B corr.*   55 uel s. *GM* : hec s. *BΠ*   qua *V Cors.*
nascitur *uel* pascitur *T*   alni *G*   56 miratur *GΓ*   57 intuici
Cors. unde Ribb. intuitu : in rui *M*   prestantis (-es *M*) *codd. praeter*
Cors. : perstantis *Cors.*   marginis *G* : imaginis (marginis *suprascr.*) *Γ*
undam *Ω* : unda *GΓ* : *scripsi* in riui prostantis imaginis umbram *ut*
duplex genetiuus penderet ex uocabulo umbram   59 mente secus d.
Stadtmueller   illis 60 omnia *BVΠM Cors. quod tuiti sunt Vahlen*
et Leo : illi omnia *Γ*: illi somnia *correxeram in ed. Catulli anni* 1867 :
illis somnia *ante me Haupt*   60 spretis *V*: pret⟨c Π⟩iis *B Cant. Π* :
pretus *M* : praetus *Cors.* : prauis *Esc.*   61 pectine *Wakefield* :
num nimia cuppedine ? *Lucr.* III. 994 'aut alia quauis scindunt cuppedine curae'   62 feruent *scripsi* : fuerint *codd. praeter GΓ* : fiunt *GΓ*
lota *Cors.* : lauta (lota *suprascr.*) *Cant.*   64 domus *TG* : domos
BEMPV Cors. Cant.   tangit *GΓ Bembus* : anget *Buecheler*   65
ulna *Cors.* : *num* ulnae ?   illa *G* : illa (u *suprascr.*) *Esc.*

cognitus utilitate manet, nec pocula Graium
Alconis referunt †Boethique toreuma, nec Indi
conchea baca maris pretio est ; at pectore puro
saepe super tenero prosternit gramine corpus,
florida cum tellus gemmantis picta per herbas   70
uere notat dubiis distincta coloribus arua.
atque illum, calamo laetum recanente palustri,
otiaque inuidiae degentem fraude remota,
pollentemque sibi, uiridi cum palmite lucens
Tmolia pampineo subter coma uelat amictu.   75
illi sunt gratae rorantes lacte capellae,
et nemus et fecunda Pales et uallibus intus
semper opaca nouis manantia fontibus antra.

Quis magis optato queat esse beatior aeuo,
quam qui mente procul pura sensuque probando   80
non auidas agnouit opes nec tristia bella,
nec funesta timet ualidae certamina classis,
non, spoliis dum sancta deum fulgentibus ornet
templa, nec euectus finem transcendat habendi,

70, 71 *Engelmodi* 3. 97, 98 (Traube) Florida cum tellus pubentes
parturit herbas Vere nouo pingens distincta coloribus arua.

66 gratum *codd.* : Graium *Heinsius* : manum nec pocula Graiam *Rib-*
beck   67 Alconi *Cors.*   referent *V Cors. Cant. Esc.*   boetique ΠV
                                                                              t
Cors. Cant. : bohetique *M* : coetique *B* : Rhoecique *Lachmann*   68 a
V: a *BM*Π *Cors. Cant.*   70 cum] tunc *V*   gemmantis (e *suprascr.*) *V*
71 nouo *V* : *num* nouat?   dubiis *V quod cum Naekio Dir. p.* 50
retinui: duris G: dulcis *cett.* : dulci *Bembus uulg.*   coloribus]
ligonibus G   72 illum] illa *M*   recanente *M* (r *in rasura*)
*BF*Π *Cant.* : recinente *Cors. Esc.*   plaustri *T*   73 inuidie *V*: in
rure Γ : inuidia *cett.*   degendo G : *fort.* ducentem   et *ante* fraude
add. G   74 litteus *Esc.* : *num* liuens ?   75 tmolia *EM Cors.* :
                        l
thmolia *TV*: molia *P*   panpineo subtus *V*   76–151 *desunt*
in M   77 palus (e *suprascr.*) *V*: palles *Cant.*   imis *Bembus*
78 nobis *Cors.*   79 Qui *G*   80 lucro pura *Maehly* : procul
praua *Ribbeck*   81 agnoscit V: cognoscit *G* : adposcit *Bachrens*
83 non] nec *Esc.*   sancta deum] scadeum *marg.* puto se adeo
Cors. : ornat *V*¹G   84 nec *codd.* : uel *Bembus*   euentus *F Cant.*
G *Esc.*   transcendat *V*: transcendit Ω

aduersum saeuis ultro caput hostibus offert?   85
illi falce deus colitur non arte politus,
ille colit lucos, illi Panchaia tura
floribus agrestes herbae uariantibus addunt,
illi dulcis adest requies et pura uoluptas
libera, simplicibus curis; huc imminet, omnis   90
derigit huc sensus, haec cura est subdita cordi,
quolibet in requiem uictu ut contentus abundet,
iucundoque liget languentia corpora somno.
o pecudes, o Panes, et o gratissima tempe
fontis Hamadryadum, quarum non diuite cultu   95
aemulus Ascraeo pastori quisque poeta
securam placido traducit pectore uitam.

Talibus in studiis baculo dum nixus apricas
pastor agit curas et dum non arte canora
compacta solidum modulatur harundine carmen,   100
tendit ineuectus radios Hyperionis ardor,
lucidaque aetherio ponit discrimina mundo,
qua iacit Oceanum flammas in utrumque rapacis.
et iam compellente uagae pastore capellae

---

86 alte *ET et B*¹   87 panchasia *VΓ* : pancheia *Cors.*   rura *Cors.*
88 herbe *VGΓ* : herbis *BΠ Cant.* : herbas *Cors.*   addunt *Cors.* : adsunt
uel assunt Ω *quo seruato scripserim* floribus agrestis herbas uariantibus adsunt   90 *num* duplicibus?   huic *E*¹*T*¹ *Cors.*   omnis
BVET Cors.   91 Derigit (i *suprascr.*) *Cors.* : Dirigit Ω   92
in requiem uictu ut *scripsi* : ut requiem. uictus Ω *et Cors. sed hic*
uictu   requie *V*: requie et *Esc.*   habundet *V Cors. Cant.*   93
liget *VGΓ* : licet Π *Cors. Cant.* : locet *corr. B, quid B*¹ *habuerit non iam*
legi potest : leuet *Esc.* : *num* riget?   95 frondis *Heinsius* : frigus
Housman   amadriadum *B et plerique*   culte (u *suprascr.*) *B* : culte Π
96 pastori quisque *V* : pastor sibi quisque Ω   poeta Ω : poetae *uulg.*
97 traducit *V Esc. cum Vat.* 1586: traducis Ω   98–103 *post* 57 *trans-*
ponebat Ribbeck   98, 99 *inuersos habet V*   98 Talibus] Dulcibus
Esc.   99 nondum non *Cors.* : *fort.* dum nondum *h. e. arte nondum*
satis composita ut canorum aliquid efficeret   100 solidum *BVPT*
Cors. Cant. Esc. : solium *b* : solitum *uulg.*   101 *fort.* in erectum
103 qua *BVPT Cors.* : qua al. cum *Mediol.* : cum *E*   lacit *E* :
iacet *Cors.*   Oceanum *Vb* : Occ(occe *Cors.*)anus *BE Cors.*

ima susurrantis repetebant ad uada lymphae,   105
quae subter uiridem residebant caerula muscum.
iam medias operum partis euectus erat sol,
cum densas pastor pecudes cogebat in umbras.
ut procul aspexit luco residere uirenti
Delia diua, tuo, quo quondam uicta furore   110
uenit Nyctelium fugiens Cadmeis Agaue,
infandas scelerata manus et caede cruenta—
quae gelidis bacchata iugis requieuit in antro
posterius poenam nati de morte †futuram.
hic etiam uiridi ludentes Panes in herba   115
et Satyri Dryadesque chorus egere puellae
Naiadum *in* coetu. non tantum Oeagrius Hebrum
restantem tenuit ripis siluasque canendo,

---

105 repetebant (*cf. Gratt. Cyneg.* 245 'repetens prima ad uestigia')
codd. (*etiam V*[1]) *praeter Cant.* : repedabant *Cant. et sic Barthius* : repe-
bant *Scaliger* : reptabant *Heinsius*   107 emensus *Schrader*   108
condensas *V*   109 ut procul aspexit Ω : nec procul ipse exin
Menozzi   *Apodosin credo non ante* 158 *redire*   cliuo *P*   111
nyctelium *PT* : /etelium *ex B*[1] *superesse uidi*   cathineis *P* :
chatineis *T*   112 Infanda *B*   ec *Ribbeck*   114 poena *P*

nati se ΠV : natise *B* : natis ae *Cors.* : natis est ᵗᵉCant.   futuram
BFΠ : futurum *Cors.* : futurum *V* : ᵇᵃˑᵈ*litteras suprascriptas aut eiusdem
manus aut certe non posterioris censet Ehrle* : poenam *credo pendere ex
requieuit ut Cir.* 233, *Calui fragm.* 17 *Lachm. Agaue Bacchum
fugiens cuius instinctu Pentheum filium interfecerat ex iugis Cithaeronis
deuenit in antrum, ibique latens requiem siue pausam fecit uenturo supplicio ob occisum natum. Vulgo scribunt ex Aldin.* nati de morte
datura. posterius poenam uatum est memorare futuram *Unger*
115 panis (e *suprascr.*) in herbas *V* : herba/ *B*   116 dryadesque]
quaecumque *P*   chorus (corus *P*) *BEP* : chorus (o *suprascr.*) *Cors.* :
choros *Cant.*   *Retinui* chorus (χορούς), *simile Graecis illis apud Varro-
nem* lymphon chorean astricen Ludon Pontices Ponticon   117 in
post Naiadum *addidit Wakefield*   coctum *Cors.*   tantum non horridus
FΠ Cors. : tantum non horpheus *V et corr. B, nam B*[1] *quid habuerit
non potui dispicere* : non tantum Oeagrius *Heinsius fort.* Orphicus
uel Noricus.   *Mel.* II. 2. 16 'Thracia a Pontici lateris fronte usque in
Illyrios penitus immissa qua latera agit Histro pelagoque contingitur.'
Noricus Orpheus dici poterat tamquam Paeonius siue Thraex (*Dion C.*
XLIX. 36)   118 ripis *B Cors.* : riuis *VPT*   siluisque *Cors.*

quantum te pernice morantur, diua, chorea
multa tuo laetae fundentes gaudia uultu.   120
ipsa loci natura domum resonante susurro
quis dabat et dulci fessas refouebat in umbra.
nam primum prona surgebant ualle patentes
aeriae platanus, inter quas impia lotos,
impia, quae socios Ithaci maerentis abegit,   125
hospita dum nimia tenuit dulcedine captos.
at quibus insigni curru proiectus equorum
ambustus Phaethon luctu mutauerat artus
Heliades, teneris implexae bracchia truncis,
candida fundebant tentis uelamina ramis.   130
posterius, cui Demophoon aeterna reliquit
perfidiam lamentanti mala : perfide multis,
perfide Demophoon, et nunc deflende puellis !
quam comitabantur fatalia carmina quercus,
quercus ante datae Cereris quam semina uitae :   135
illas Triptolemi mutauit sulcus aristis.
hic magnum Argoae naui decus edita pinus
procero †decorat siluas hirsuta per artus,
ac petit aeriis contingere †montibus astra.

119 Quam *P Cors. Cant.*   pernigre (pernigre *P*) *BFEPT Cors.* :
pernix *V*   remorantem *V*: morantem Ω : *scripsi* pernice morantur :
pernix remorantem *Leo*: remorantur *Heinsius*   120 tuo *Cant.* :
tuae *B¹FΠV*   laeto *EV*: late *Cant.*   121 loci] soli *F*   doraum
(*suprascr.* domum?) *Cors.* : *an* torum !   122 feras *Cors.*   124
platanus *Cors.* : platanos *EF*: platani *PTV*: platane *B* (us *suprascr.*
m. rec.)   125 sonos (ci *suprascr.*) *V*   126 /dum *E*: *an* cum ?
127 insigni curru *Lucr.* VI. 47: ignito *Maehly*: *fort.* indigne   128
ambustus *Mediol.* : ambusto *Cors.*: ambustos Ω   motauerat *B*   129
amplexe (-at *P*) Ω : implexae *Heinsius et Gronouius*   130 lentis
Scaliger   132 lamentanti *Weber*: lamentandi *codd.*   perfida *B*
Cors. Cant.: perfidia *PT*: perfide *Vossianus, Scaliger* : Perfidia lamenta
doli *Haupt*   133 *om. B*: .i. *pro* et *V*: i nunc *Baehrens*   deflende
Scaliger : defende *codd.* : dicende *Leo*   134 comitabant *Cors.*   136
triptolomi *Cors.*   /notauit *B*   aristas *Cors.*   137 addita *V Cors.*
138 proceratus *Cors.*: proceras *BFΠV*: proceros *Heinsius*   deco-
ras *F* : *fort.* superat *uel* superans 139 ac petit *Heinsius*: appetit Ω
contingere *codd.* : coniungere *Ald.* 1534, *Gronouius Obseruatt.* ii. 3
motibus *Scaliger* : *an* morsibus ?

ilicis et nigrae species et fleta cupressus   140
umbrosaeque monent fagus hederaeque ligantes
bracchia, fraternos plangat ne populus ictus,
ipsaeque escendunt ad summa cacumina lentae
pinguntque aureolos uiridi pallore corymbos.
quis aderat ueteris myrtus non nescia fati.   145
at uolucres patulis residentes dulcia ramis
carmina per uarios edunt resonantia cantus.
his suberat gelidis manans e fontibus unda
quae leuibus placidum riuis sonat acta liquorem.
et quaqua geminas auium uox obstrepit auris,   150
hac querulae referunt uoces quis nantia limo
corpora lympha fouet ; sonitus alit aeris echo,
argutis et cuncta fremunt ardore cicadis.
at circa passim fessae cubuere capellae
excelsisque super dumis, quos leniter adflans   155

---

140 et laeta *codd.* : *scripsi* et fleta, *cf. Ouid. M.* X. 134–142, *Stat. Silv.*
V. 5. 30, *Theb.* VI. 461 : lethea *Gifanius* : nec laeta *Heinsius* : et species
Lethaea cupressus *Heyne*   141 manent *codd.* : monent *Sillig*
ligantis *BF*Π : ligantes *Cors.*   142 frateruero non plagat nec
populus ictum *Cors.*   143 Ipsaque *Cors.*   excedunt *B*Π*V* :
accedent *Cors.* : escendunt *Heyne*   145 ascia *Cors.*   146–152]
secutus sum ordinem uersuum qualis est in codd. Sed in excerptis
Parisinis et Esc. hic est ordo 154, 148–9, 146–7, 150–153, 157, 155–6,
159, 158, *multis praeterea immutatis. Quod cum aperte uitiosum sit,*
non recepi quamquam is ordo un. 146–149, his suberat—quae leuibus
—at uolucres—carmina per uarios *placuit Hauptio*   147 post uarios
Cors.   148 superat *codd.* : suberat *ed. Ascensiana Paris.* 1507
149 placid// *V* (um *in ras.*)   acta *V cum Vossiano* : orta Ω   liquorum (e *suprascr.*) *Cant.* : liquorum *coni.* Haupt, *recepit Leo*   150
quaqua *Barthius, Naeke ad Dir. p.* 289 : quamquam Ω   obstrepet
Cors.   'Sententia est, in regione illa certamen ranarum fuisse cum
auibus ; auium cantum pro suis uiribus referre ac repetere ranas'
Naeke   151 querulę Ω : querulas *excerpta Parisina et Esc. Scaliger*
nautica *Esc.*   152 etheris *V cum Vossiano*   alit aeris echo] *om.*
                                                           i
Cors.   153–230 *supersunt in M*   153 ardore *BF*Π*M Cors.* : /ardore
V, *erasa littera quae poterat esse* ſ : a rore *Baehrens, cf. Schol. Dionys.*
Perieg. 364 : *fort.* stridore (*Plin. H.N.* XI. 266), *quod uidetur commen-*
dare V   154 Ad *M*   passum *Cors.*   fusae passim *Esc.*   155
excelsisque (excęsisque *Mediol.*) super *codd. praeter Cors.* : excelsisque

aura susurrantis poscit confundere uenti.

  Pastor, ut ad fontem densa requieuit in umbra,
mitem concepit proiectus membra soporem,
anxius insidiis nullis, sed lentus in herbis
securo pressos somno mandauerat artus.   160
stratus humi dulcem capiebat corde quietem,
ni-fors incertos iussisset ducere casus.

nam solitum uoluens ad tempus tractibus isdem
immanis uario maculatus corpore serpens
mersus ut in limo magno sub sideris aestu   165

.   .   .   .   .   .

obuia uibranti carpens grauis aere linguae
squamosos late torquebat motibus orbis.
†tollebant aurae uenientis ad omnia uisus.†
iam magis atque magis corpus reuolubile uoluens
attollit nitidis pectus fulgoribus, effert   170
sublimi ceruice caput, cui crista superne
edita purpureo lucens maculatur amictu,
aspectuque micant flammarum lumina toruo.

supra *Cors.* : Excelsis su͘ *Esc.* : e. supter *Heyne*   quae Ω : quos
Esc.   leniter *Cors. M Esc.* : leuiter *BF*ΠV   adflans *BE Cors.* :
afflans *PTV Esc.*   156 susurratis *Cors.*   possit *PM Esc.*   160
pressus *Cors.*   161 soporem *V*   162 mississet *F*   163
isdem *Bembus* : id(a)e *codd.* : idē *Vat.* 3255   164 corpora *M*
165 sub sideris Ω : subsideret *Bembus, uulgo* : *an* subsiderat? *Sed
uidetur uersus excidisse*   166 obuia uibrati carpens *omissis ceteris
Cors.*   aera *M et Mediol.* : aere *cett.*   linguae *scripsi* : lingua Ω :
ore trilingui *Schrader*. *An fuit neutri generis* aera *ut Barthio uisum*?
167 motibus *Mediol.* : montibus *BFPTVM*   168 *sic BFM*Π *Cors.
Cant.* aurae] au(? an)te (r *scripta super* t) *V* : herbae *Ribbeck* : irae *Leo*
adomina *b* : *num* abdomina? *sed ad omnia satis tuitus est Leo*   uisus
an nisus *V, uix certum Ehrlio* : uirus *Heinsius* : nisus *Ribbeck* : Pallebant
aura uementis gramina uiri *Haupt* : Tendebant acres uenientis ad o.
uisus *Baehrens*   169 resolubile *Heinsius*   170 effert *Friesemann* :
ecfert *Ribbeck* : et se Ω : atque *Paldamus*   171 sublime *M*   caput
rapit *Bembus, sed est allitteratio* ceruice caput cui crista   172
maculatur *M*: lucem iaculatur *Hildebrandt et prius Unger sed hic* luces
173 micat Ω   lumina *P* : lumine *cett.* : aspectusque micat flammarum lumine toruo *Baehrens*

metabat sese circum loca, cum uidet †ingens
aduersum recubare ducem gregis. acrior instat   175
lumina diffundens intendere et obuia toruos
saepius arripiens infringere, quod sua quisquam
ad uada uenisset. naturae computat arma,
ardet mente, furit stridoribus, intonat ore,
flexibus euersis torquetur corporis orbis,   180
manant sanguineae per tractus undique guttae,
spiritibus rumpit fauces. cui cuncta paranti
paruulus hunc prior umoris conterret alumnus,
et mortem uitare monet per acumina. namque
qua diducta genas pandebant lumina, gemmans   185
hac senioris erat mature pupula telo
icta leui, cum prosiluit furibundus et illum
obtritum morti misit; cui dissitus omnis
spiritus excessit sensus. tum torua tenentem
lumina respexit serpentem comminus, inde   190
impiger, exanimus, uix compos mente refugit,
et ualidum dextra detraxit ab arbore truncum.
qui casus sociarit opem numenne deorum

174 metebat *F* : motabat sese *Baehrens*   sese] late *V cum
Vossiano*   ingens *codd.* : *fort.* hiscens   176 intenderet *M*
ouia torua *Cors.* : toruo *cett.*   177 *om. P*   178 computat *Cors.* : comparat *cett.*   179 Ardet et *Cors.*   180
euexis *Cors.*   torquentur corporis orbes *M Cors.*   181 per-
tractim *Cors.*   182 cunsta *V*   quo cuncta parante *Scaliger, idque
necessarium uisum est Ribbeckio*   183 humoris Ω   conteret *M* :
continet *Cors.*   184 uitam remouet *Cors.*   185 gemmas *Cors.* :
gemmans *Schrader* : gemmis *BFMΠ Cant.* : gentis *b* : *num* hiantis?
186 senioris *Cant. M* : se moris *B*Π *Cors.*   mature *Bothe* : naturae
Ω : natura *Cors.*   187 iacta *V* : iacta *BM*Π *Cors.* : tacta *Schrader*
cum Ω : tum *Bembus*   189 excussit *W. Wagner* : accessit uentis
Hildebrandt : et cessit sensus *Housman*   sensim *V ex* sensū   dum
Cors. : cum *Cant.*   190 quo minus *Cors.*   unde *Cors.*   191
exanimum *B*Π*M Cant.* : exanimis *Vossianus* : exanimi *Cors.*   resurgit
V (*ex* refugit) *et Mediol.*   192 *sic Cors.* Et u. detraxit ab arbore
dextera *M* : et u. dextra (extra *F*) truncum detraxit ab ore *BF*Π *Cant.* :
ab ore *V* : ab orno *Bembus et sic Vat.* 1586   193 cui *Scaliger*
sociaret *codd.* : sociarit *Bembus*   numen ne *V* : numenue *BFM*Π

CVLEX

prodere sit dubium, ualuit sed uincere tali
horrida squamosi uoluentia terga draconis,   195
atque reluctantis crebris foedeque petentis
ictibus ossa ferit, cingunt qua tempora cristae.
et quod erat tardus somni languore remoto
†nescius aspiciens timor obcaecauerat artus
hoc minus impleuit dira formidine mentem.   200
quem postquam uidit caesum languescere, sedit.
   Iam quatit et biiugis oriens Erebois equos nox,
et piger aurata procedit Vesper ab Oeta,
cum grege compulso pastor duplicantibus umbris
uadit et in fessos requiem dare comparat artus.   205
cuius ut intrauit leuior per corpora somnus
languidaque effuso requierunt membra sopore,
effigies ad eum culicis deuenit et illi
tristis ab euentu cecinit conuicia mortis.
'quis, inquit, meritis ad quae delatus acerbas   210
cogor adire uices? tua dum mi carior ipsa
uita fuit uita, rapior per inania uentis.
tu lentus refoues iucunda membra quiete,
ereptus taetris ex cladibus : at mea manes

194 ualuit *Haupt* : uoluit Ω   tal/i *V* : tales *BFΠM Cant.* :
talis *Sillig*   197 cristę *E* : cristam Ω   198 omni *codd.* : somni
Ald. 1517   et quod erat tardo somni languore remotus *Hertzberg*
199 Nescius *codd.*, *nisi quod T habet* nescis : nec suus *Heinsius* : nec
prius *Sillig* : nec senis *Hertzberg* : nec secus ad speciem *ego*   tonor *F*,
*fortasse uere utpote tensum corporis ex metu statum significans : languet
certe* timor *sequente in u.* 200 formidine   200 impleuit *T* : impleuit
(*uel* icuit *suprascr.*) *V* : implicuit *BFPM*   198–201 *hoc ordine
dant codd., sed uidetur* 201 quem postquam uidit *melius sequi* 197
202 erebo eis *BFΠMV Cant.* : erebois *Cors.* : erebeis *Haupt*   equos
nox] et quon non *Cors.*   203 et iupiter *M*   aurato *Vossianus*
204 *om. M*   undis *Cors.*   206 ut] et *P*   207
fort. offuso   requiem dare membra soporem *Cors.*   209
om. F   210 quis inquit meritis *Heyne et Naeke ad Dir. p.* 112 :
quid inquit meritis *Cors.* : inquid (*uel* inquit) quid meritis *BFMΠV* :
en quid ait meritus *Heinsius* : in quid *Hildebrandt*   ad que *V* :
atque *BFMΠ* : ad quem *Cors.*   dil. *BF* : del. *M Cors.*   211 mi *Bembus* : me Ω   213 iocunda *B*   214 Erectus *M*   terris tetris
F e Ω : et *Vossianus* : ex *scripsi*

uiscera Lethaeas cogunt tranare per undas.   215
praeda Charonis agor. uidi ut flagrantia taedis
limina conlucent infernis omnia templis.
obuia Tisiphone, serpentibus undique compta,
et flammas et saeua quatit mihi uerbera. pone
Cerberus et diris latrantia rictibus ora,   220
anguibus hinc atque hinc lurent cui colla reflexis,
sanguineique micant ardorem luminis orbes.
heu quid ab officio digressa est gratia, cum te
restitui superis leti iam limine ab ipso?
praemia sunt pietatis ubi, pietatis honores?   225
in uanas abiere uices, ex rure recessit
iustitiae prior illa fides. instantia uidi
alterius, sine respectu mea fata relinquens.
ad parilis agor euentus. fit poena merenti.
poena sit exitium; modo sit dum grata uoluntas,   230
exsistat par officium. feror auia carpens
auia Cimmerios inter distantia lucos;

215 transnare *codd.*   216 coronis *E*: draconis *cod. Escorialensis ubi post Buc. Georg. Aen. adiectus est Culex*   uidi et *Cors.*: uidei ut *V* (i *super rasur.*)   piceis *Menozzi*   217 lumina *BMV Cors.*: limina *Fr. Iacobs*   cum lucent *codd. praeter Cors. et V*: collucent *Cors.*: translucent *V*   infernis *Domitius Calderinus et Fr. Iacobs*: infestis *BVPT Cors.*: infectis *E cf. Manil.* II. 692: infaustis *Unger*: *fort.* incestis   omnia *codd.*: *fort.* moenia   templis] thel/is *V*   uiden ut flagrantia taedis limina collucent? infestis obuia templis, obuia Tisiphone *Leo*   218 cincta *Heyne*: *an* saepta?   219 pone *Peerlkamp*: poen(a)e *codd.*   220 latrantia rictibus *Haupt*: flagrant (flagant *M*) latratibus (latran(n *V*)-tibus *VT*) *codd.*: Cerberus est diris flagrans l. ora *Housman*   221 arent Ω: /arent *M*: 'arent *aut* horrent' *Ascensius*: lurent *scripsi*   222 sanguineique *M Cant. Cors.*: sanguineaque *BFPT*   ardore *M* orbos *B* (*non* arbos), Π: orbem *Cors.*: horbes *M*   223 neu *Cors.*: et Π: *num* ecquid?   224 loetium lumine *Cors.*: li/mine *B*   apso *B¹*   225 premia sunt ditatis *Esc.*: *num* praemia simplicitatis?   226 uarias *Esc.*   e rure *Bembus*: et rure *ed. Ascens.* 1507: et iure *BFΠM Cors.*: et iura *V*: et uita *Vossianus*: et uicta *Baehrens*: *fort.* euicta   227 Iustitia et *Schrader*   uici *Heinsius*   229 pariles *codd. plerique*: parides *FM*   fit *BFMV Cant.*: sit *Cors.*   230–306 desunt in *M*   230 fit *BFVΠ Cant.*: sit *Cors. Mediol.*   dum] tua *Hertzberg*   232 Cum merios *BFΠ*: cumerios *V*: cim merios *Cors.*   inter] infra *Leo*

quem circa tristes densentur in ostia Poenae
nam uinctus sedet immanis serpentibus Otos,
deuinctum maestus procul aspiciens Ephialten,   235
conati quondam cum sint rescindere mundum.
et Tityos, Latona, tuae memor anxius irae
(implacabilis ira nimis) iacet alitis esca.
terreor a tantis insistere, terreor, umbris,
ad Stygias reuocatus aquas. uix ultimus amni   240
exstat nectareas diuum qui prodidit escas,
gutturis arenti reuolutus in omnia sensu.

quid saxum procul aduerso qui monte reuoluit,
contempsisse dolor quem numina uincit acerbans
otia quaerentem frustratibus ? ite, puellae,   245
ite, quibus taedas accendi tristis Erinys,
sicut Hymen, praefata, dedit conubia mortis.

atque alias alio densant super agmine turmas,
impietate fera uecordem Colchida matrem,

233 ostia *scripsi* : omnia *codd. sed* omnua *F* : agmina *Iacobs* :
obuia *Ribbeck*   ponę *B*   234 uinctus *B* : uict(tt *F*)us *F*Π *Cant.*
othos *BEP*   235 deuinctus *codd.* : deuinctum *Bembus*   236
cum sint quondam *V cum Vossiano*   rescindere *V cum Vos-*
siano : ins(s *B*)cendere *B*Π*Cors.* : incendere *F Cant. Mediol.*   celum
V Voss.   237 tityas *FT* : tyas *B* : ticius *V* : tuas . . . iras
Ω : tue . . . ire *Vossianus*   238 alitisca *Cors.*   240 ad
. . . aquas *plerique cum sequentibus construunt* : at *PT*   amni]
annus *Cors.* : anni *V*[1]   241 exstat *Heinsius* : restat *codd.*
242 in obuia *Schrader* : inanis ab orsu *Bothe* : inania *Ribbeck* : in
umida *Maehly* : *num* in amnica?   243 Qui Ω : Quid *ed. Ascens.* 1507
saxo *Cors.*   auerso *Cors.*   reuoluit] *an* repellit ?   244
acerbans *V* : acerbas *F*Π*B*[1] : acerbam *Cors.* : acerbus *corr. B*
Mediol.   245 frustratibus ite *scripsi* : frustra sub lite *Cors.* : syblite
E : siblite *BFPT* : ceu rite (*sed* rite *alia manu*) *V* : ceruice *Baehrens* :
otia quaerentem frustrabitis ? ite puellae, ite quibus taedas accendit
tristis Erinys. sicin Hymen praefata dedit conubia mortis ? *Housman*
246 accendi *scripsi* : accendit *codd.* : accendens *Haupt*   247 praesaga
Heyne   248 densant *scripsi, sc. Poenae* :' densas *codd.* : densat *ed.*
Ascens. 1507   super] sequor *Birt*   Post 248 excidisse uersum ratus
est Leo   turbas *Vossianus*   249-330 *supersunt in fragmento Stabu-*
lensi (*S*)   249 uecordem *V* : tu cordam *BF*Π *Cors. Cant.*   Colchida *V* : conduda *Cors.* : conchida *B Cant.*

anxia sollicitis meditantem uulnera natis: 250
iam Pandionias miseranda prole puellas,
quarum uox Ityn edit Ityn, quo Bistonius rex
orbus epops maeret uolucris euectus in auras.
at discordantes Cadmeo semine fratres
iam truculenta ferunt infestaque lumina corpus   255
alter in alterius, iamque auersatur uterque,
impia germani manat quod sanguine dextra.
eheu mutandus numquam labor ! auferor ultra
in diuersa magis, distantia nomina cerno.
Elysium tranamus, agor delatus ad undam.   260
obuia Persephone comites heroidas urget
aduersas praeferre faces.   Alcestis ab omni
inuiolata manet cura, quod saeua mariti
in Chalcodoniis Admeti †cura morata est.
ecce Ithaci coniunx semper decus, Icariotis,   265
femineum concepta decus manet, et procul illa
turba ferox iuuenum telis confixa procorum.
quid misera Eurydice tantum maerore recesti ?

251 miseranda *Cors.* : miserandas *BF*ΠS *Cant.*   252 uox Ityn
edit Ityn *Sillig* : uox it inedytyn (in edytin *Cors.*) *BT Cors.*   quo
V: quod *BF*Π *S Cant. Cors.*   253 epops] epos *V*   254
at *PTV*: ad *BES Cors.*   Cadmeo *Cors.*: Cat(th Π)meo
*BFS*Π   255 infectaque *PT*   256 iam *Cors.* (*om.* que)
auersatur *uulgo* : auersatus ΠB *Cant.* : aduersatus *V Cors.*   258
Heu *Cors.*   mutandas *S*   ramquam *Cors.*   259 nomina *PTV*
Cors. : nomine *S* : numina *BFE Cant.* : limina *ed. Ascens.* 1507   260
Elysiam tranandus *codd.* : tradendus *b* : Elysium tranamus *scripsi* :
Eridanus tranandus *Schrader*   dilatus *BE*   261 persophone *PTS*
heroia surget *Cors.* : heroiadas urget *S*   262 preferre *Cors.* : perferre
cett.   264 Chalcodoniis *Petrus Brantsma ex Apolloni Argon.* I. 49 :
Chalcedoniis *codd.*   admaeti *B* : adameti *Cors.*   cura Ω : cā *V* :
fata *Bembus* : iura *Unger, Leo* : num quoi s. m. i. C. A. causa (*mor-
bus*) m. est ? *an* Moera ?   265 simplex ducis *Koch*   ichariotis *V*
Voss. : iharotis *PTB* : hiarethis *S*   266 consaepta *Baehrens* :
conspecta *Birt*   recus *F ut uidetur* : *num* secus ?   et *om. S*   illā
B : illam *FPTS* : illa *Ascensius in comment. ed.* 1507   267 confixa
(*suprascr.* uel s) *V* : *num* confixsa ?   268 Qui *BFPT Cors. Cant.* :
ui/// *S* : Quid *V*   tantum *S* : tanto *cett.*   recesti *Barthius* :
recessit *codd. nisi quod F habet* decessit

poenane respectus et nunc manet Orpheos in te?
audax ille quidem, qui mitem Cerberon umquam   270
credidit aut ulli Ditis placabile numen,
nec timuit Phlegethonta furentem ardentibus undis,
nec maesta obtenta Ditis ferrugine regna,
ecfossasque domos ac Tartara nocte cruenta
obsita, nec facilis †Ditis, sine iudice, sedes,   275
iudice, qui uitae post mortem uindicat acta.
sed fortuna ualens audacem fecerat ante.
iam rapidi steterant amnes et turba ferarum
blanda uoce sequax regionem insiderat Orphei;
iamque imam uiridi radicem mouerat alte   280
quercus humo, †steterant amnes†, siluaeque sonorae
sponte sua cantus rapiebant cortice auara.
labentis biiugis etiam per sidera Luna
pressit equos: et tu currentis, menstrua uirgo,
auditura lyram tenuisti nocte relicta.   285
haec eadem potuit Ditis te uincere coniunx,
Eurydicenque ultro ducendam reddere: non fas,
non erat †in uitam diuaet† exorabile mortis.
illa quidem nimium manis experta seueros
praeceptum signabat iter, nec rettulit intus   290

---

269 Poenane *Schenkl*: Peneque *V*: Poenaque (ǫ *B*) Ω   manet]
ualet *Fr. Iacobs*   Orpheos *Ribbeck*: Orpheus *codd.*   270
cerbero numquam *S Cors.*: cerbera numquam *BPT*   271 aut
ed. Ascens. 1507: haut *FPTV*: haud *SB Cant.*   272 furentem
Bembus, cf. Aetna 298: ferens *S*: ferens (v *suprascr.*) *T*: furens
BFP Cors. Cant. idque retinuerunt Birt et Leo   273 obtenta
Vossianus: obtentu Ω: obtutu *W. Wagner*   274 Nec fossasque
BFT Cors.: /ec fossasque *S*: ecfossasque *scripsi, cf. Neue-Wagener
Formenlehre* 3. 219   275 dictis *Mediol.*: ditis *cett.*: Dictaeo *Scaliger*:
Dictes *ego olim*   278 amnes *Cant. Mediol.*: omnis (uel a *suprascr.*)
V: omnes Ω   279 in sidera *Cors.*   280 uiride *S*: *num* ima
uiridis? mouera *Cors.*   281 omnes *S*: amnes *BF*Π: annes *V*
283 labentis *Cors.*: labentes *plerique*   luna *BE Cant.*: lune *PTVF
Cors.*: Phoebus *olim Ribbeck*   284 praessit *B*   285 relecta
Markland   287 ultro] uiro *Heinsius*   288 dire *Vossianus*: diu
S   non erat ire uiam durae e. m. *olim conieceram*   289 experte *B*
seueras *S*

lumina nec diuae corrupit munera lingua.
sed tu crudelis, crudelis tu magis, Orpheu.
oscula cara petens rupisti iussa deorum.
dignus amor uenia, gratum, si Tartara nossent,
peccatum ; meminisse grauest. uos saecla piorum,   295
uos manet heroum contra manus. hic et uterque
Aeacides : Peleus namque et Telamonia uirtus
per secura patris laetantur numina, quorum
conubiis Venus et Virtus iniunxit honorem.
hunc rapit Hesiona, ast illum Nereis amauit.   300
assidet huic iuuenis, sociatae gloria sortis,
acer inexcessum, referens a nauibus ignis
Argolicis Phrygios turba trepidante repulsos.
o quis non referat talis diuortia belli,

291 corrumpit *S*   292 crudelis *semel PT Vossianus* : credulis
magis Orpheus *Cors.* : *num* Orpheu's ?   293 iussa] iura *Cant.*
294 Dignus amor uenia est *Esc. ceteris omissis*   gratiam *F* (grām) :
gratam *Birt* : ' *debuit sane* ueniam' *Leo, ipse tamen scribens* gratum, si
Tartara nossent, peccatum : *Thilo scribebat* gratum si T. nossent, *post*
nossent *plene interpungens* : *Ribbeck uersus sic ordinabat* 292 (sed tu
crudelis) 295 (παρενθετικῶς) peccatum meminisse tuom graue sede
piorum 293 oscula c. petens 294 dignus a. uenia, gratum si T. nossent.
295 *sic Leo*   graues tuos *BS* : graues uos *V Vossianus* : graues non
Cors. : tuo graue *PT* : grauest *Baehrens*   saecla *scripsi* : sede Ω
297 eptelamonia *S*   298 lạetantur *B*   numina Ω, *cf.*
Apollodor. iii. 12. 15 τιμᾶται δὲ καὶ παρὰ Πλούτωνι τελευτήσας Αἰακὸς
καὶ τὰς κλεῖς τοῦ "Αιδου φυλάττει   299 conubis *Haupt*
iunxit *Cors.*   300 rapit Hesiona, ast *scripseram ignarus Hein-*
sium ante me ita scripsisse (rapit Hesione), *cf. Ouid. M.* XI. 216
' Nec pars militiae Telamon sine honore recessit, Hesioneque data
potitur : nam coniuge Peleus clarus erat diua ' : rapuit ferit ast
BFS Π   *In Corsiniano u. sic scriptus est* hunc rapuit illum ferit
ast illum n. a. : rapuit feritas *V Voss.* : rapuit serua ast *Bembus* :
rapuit Periboea *Schrader* : hoc caluit Periboea *Stadtmueller*   301
huic *scripsi* : hoc *S* : hac *BV* Π *Cors.*   . sociat de *BF* Π *Cors. Cant.* :
sociate *V* : sociat quem *Mediol.* : sociat dedoria uirtus *S* : *fort.* soci-
auit adorea fortis   302 acer *Bembus* : alter Ω : alte *Cors.*
inexcissum *B¹* Π : in excisum *S Cors.* : inexcelsum *V Voss.* : inex-
cussus *Bembus* : inexcessum *scripsi, h. e.* ἀνυπερβλήτως : in excursu
Scaliger : inaccessum *ego olim*   303 feritate *BF* Π *S* : ferit arte *Cors.* :
fremitante *Mediol.* : trepidante *scripsi*   torua feritate *Bembus*,
uulgo   repulsos *EB Cant.* : refulsos *SPT Cors.* : *num* refuses ?
304 referet *S*   talis deuortia belli *S* : deuortia *etiam BEP* : tali . . .
bellis (belis *PT*) *B nondum correctus. EPT Cors. Cant.*

quae Troiae uidere uiri uidereque Grai,   305
Teucria cum magno manaret sanguine tellus,
et Simois Xanthique liquor, Sigeaque propter
litora, cum Troas saeui ducis Hectoris ira
truderet in classis inimica mente Pelasgas,
uulnera tela neces ignis inferre paratos?   310
ipsa sudis namque Ida parens feritatis et ipsa
Ida faces altrix cupidis praebebat alumnis,
omnis ut in cineres Rhoetei litoris ora
classibus ambustis flamma †lacrimante daretur.
hinc erat oppositus contra Telamonius heros,   315
obiectoque dabat clipeo certamina, et illinc
Hector erat, Troiae summum decus, acer uterque
(fulminibus ueluti fragor est e turbine nisis),
hic manibus telisque super . . . . . .
eriperet reditus, alter Vulcania ferro   320

---

305 troia *S Cors.*   306 maneret (a *suprascr.*) *BS*   307–*fin.*
supersunt in M   propter *Heinsius* : pr(a)eter Ω *Leo*   308
ducis *Cors. cum Vossiano et marg.* B : duos Ω*MS*   309 truderet *Baehrens* : uidere *V Cors.* : uide *S* : uidi *BM*Π *Cant.* : ui daret
Leo   310 ne te (necte *S*) signas *B*Π*S* : nece signas *M* : ne
te signes *Cors.*   311 ipsas uagit *Cors.* : ipsa uadis *b* : ipsa uagis
cett. nisi quod M *habet* uages *ex* uagis : iugis *Bembus*   sudis *ex*
Cors. scripsi qui solus primam litteram s *seruauit.*   d *cum* g *mutatam*
idem codex exhibet u. 366   parens *scripsi* : potens Ω : parens feritatis *est*
μήτηρ θηρῶν *ll.* VIII. 47   et] ab *V Cors.*   312 *om.* M   et da *S* : daque
*BF*Π   cupide *V* : cupidus *BF*Π*S Cant.*   alumnus *BF*Π *Cant.*   313
roethei *B*   314 lacrimante *codd.* : lambente *Shadworth H. Hodgson* :
arua cremante *Unger*   daretis *S nisi me oculi fallunt*   315 hic *S*
oppositos *S* : appositus *FM*   conto *Schrader*   316 obiecto *S*
om. que : obiectaque *Cors.*   317 Hector *B*   318 fulminibus
Mediol. : fluminibus *cett.* : flaminibus *Baehrens*   est e turbine nisis
scripsi : est a turbine nise *V Voss.* : et libet in se *Cors.* : ae(e *PT*)di-
bus in se *BMS*Π : est a turbine mixtis *Baehrens.*   *Leo scribebat* fluminibus ueluti fragor est e turbine missae [de scopulo molis ; flammas
iaculabat ut illis] tegminibus telisque super[ne arcentibus Hector]
eriperet reditus   319 *om.* T   tegminibus Ω : *fort.* hic manibus,
cf. *Il.* XV. 716 "Εκτωρ δὲ πρύμνηθεν ἐπεὶ λάβεν οὐχὶ μεθίει, "Αφλαστον μετὰ
χερσὶν ἔχων.   *Post* super *codices habent* sigeaque (sigete aque *S* :
sigta̅que *M*) pr(a)eter *iterata, ut uidetur, ex u.* 307 : si classibus Argos
suppleuit Bembus : iaculatus ut ignis *uel* mare classis ut hosti *ego*
320 uulgcania *S*

uulnera protectus depellere nauibus instat.

hoc erat Aeacides uultu laetatus honore,

Dardaniaeque alter fuso quod sanguine campis

Hectoreo uictor lustrauit corpore Troiam.

rursus acerba fremunt, Paris hunc quod letat, et huius   325

†arma dolis Ithaci uirtus quod concidit icta.

huic gerit auersos proles Laertia uultus,

et iam Strymonii Rhesi uictorque Dolonis

Palladio laetatur ouans, rursusque tremescit

iam Ciconas iamque horret atrox Laestrygone *limen*.   330

illum Scylla rapax canibus succincta Molossis

Aetnaeusque Cyclops, illum Zanclaea Carybdis

pallentesque lacus et squalida Tartara terrent.

hic et Tantaleae generamen prolis Atrides

assidet, Argiuum lumen, quo flamma regente   335

Doris Erichthonias prostrauit funditus arces.

reddidit heu Graius poenas tibi, Troia, ruenti,

322 *sic ed. Ascens.* 1507   hic *V Scaliger*   erat] *an* ouat?
                                         ‡ celatus
a(e)acides uultu *codd*. : *num* Aeacidae uultus?   letatus *V* honores
codd.   hic erat Aeacides uultus elatus honore *Scaliger* : hos e.
Aeacides uultu laetatus honores *Haupt*   323 Dardanidaeque
Mediol.   324 *sic Bembus*   he(ae *M*)ctora lustrauit uictor de corpore
troiam *BMPS Cors.* : hector/ *V*   325 et *om.* B   326 arma Ω :
alta *ed. Ascens.* 1507 : firma *Leo* : *num* hirta? *An* ardua lis Ithaci
uerbis?   327 hinc *V* auersos *Scaliger* : euersos *codd.*   laeertia
B Cant.   328 trimonii *Cors.*   329 Palladio *Aldina* 1517 : Pallade
iam Ω   laetatur *codd., nisi quod Cors. habet* letanter. *Prius ex
coniectura scribebam* laetabatur, *cf.* 50-53 tondebant . . . haerebant . . .
carpuntur . . . petuntur   tremescit *BPM Cors.*   330 iam ciconas
V Cors. : iam oicon as *BP* : pamoicon es *S*   lestrigone *BPSM
Cors. Cant.* : lestrigones ipse *V, sed* ipse *minutioribus litteris scripsit
manus altera*   limen *addidi, quod* atrox Laestrygonis *praesentia
fuerit* : Laestrygonis antrum *Hertzberg*   331 molosis *BSM Cors.
Cant.*   332 zanclea *V* : ranolea *Vossianus* : metuenda *BM Cant.* :
et uerida *Cors., h. e.* (m)etuenda   333 pallantesque *BP*   squal-
lida *Cors.*   334 generamen prolis *V* : gener ante p. *Cors.* : gener
amplis *BΠMS Cant.* : generamen prolis *Ribbeck*   atrides *Ald.* 1517 :
atrid(a)e Ω : Atrida *ed. Ascens.* 1507   335 repente *Cors.*   336
ericton. *Cors.* : ericthon. *S* : erecthon. *P*   portauit *Cors.*   aras
Cors. quod fluxit ab arcis   337 Graius *Ald.* 1517 : grauius Ω   troias
ruenti *Cors.* : troia furenti (furent// *S*) *BMPS Cant.* : Troia ruenti
Bembus   2*

Hellespontiacis obiturus reddidit undis.
illa uices hominum testata est copia quondam,
ne quisquam propriae fortunae munere diues   340
iret ineuectus caelum super. omne propinquo
frangitur inuidiae telo decus. ibat in altum
uis Argea petens patriam, ditataque praeda
arcis Erichthoniae. comes huic erat aura secunda
per placidum cursu pelagus. Nereis ad undas   345
signa dabat, sparsim flexis super icta carinis :
cum seu caelesti fato seu sideris ortu
undique mutatur caeli nitor, omnia uentis,
omnia turbinibus sunt anxia. iam maris unda
sideribus certat consurgere, iamque superne   350
corripere et solis et sidera cuncta minatur
ac ruere in terras caeli fragor. hic modo laetans
copia nunc miseris circumdatur anxia fatis,
immoriturque super fluctus et saxa Capherei
Euboicas aut per cautes Aegaeaque late   355

338 helesp. *Cors. P*   340-342 *supersunt in Esc. sed multum immutata*   340 ne quisquam *Vossianus* : nec quicquam *Cors.* : neque *BFMPS Cant.*   propriae *PS* : proprio *Heinsius* fortunate *M* : *fort.* ne quo quem proprie fortunat munere diuos. *Sic enim minus offendit* ineuectus *sc.* quo quem munere proprie f. diuos (*nomin.*), eo ineuectus iret *et* caelum super *habet uim suam ad diuum relatum*   341 iret *Ω* : tendit *Esc.*   ineuectus *BMPS* : in euectus *Cors. Esc.* : inuectus *F*   propinquom *Leo*   342 decus *Esc.* : deus *Ω* 343 argoa petens (appetens *Cors.*) *V Cors.* : argere petens *B* : argo repetens *MPS* : Argea petens *Heinsius* : Argos repetens *Ald.* 1534 datataque *M* : deditaque predam *Cors.* : *fort.* inclinataque   344 secundans *et in* 345 ab undis *Housman*   345 curri *b, fortasse uere* adundans *M* : ab unda *Paldamus*   346 parsim flexis *Cors.* : pars inflexis *cett.* : *fort.* sparsim *uel* passim, *hoc nunc Housman*   super icta *MV Cors.* : super iacta (iacta *B*) *BPS Cant.* : superata *b* : super acta *Ribbeck*   347 cum ceu *Cors.* : or/tu *B*   348 undeque *M* motatur *B* 350 superne (*suprascr.* uel a) *V*   351 solis *BPSM* : soles *Cors.* minatur *Heyne* : minantur *Ω*   352 aruere *Cors.* : acuere *PS* : ac uere *B*   letam *Cors. unde* laetans *reposui* : letum *uel* laetum *cett.* : laeta *uulgo*   353 circumdat *Cors.*   354 immoraturque *Cors.* : immoriaturque *Cant.*   et sidera Capheren *Cors.* : capherea *SM* : Capherei *B*   355 creaque *BFMPS* : egeaque *Cors.* : nereaque *Cant.* : Aegaeque *Scaliger* : *fort.* Cenaeaque

litora, cum Phrygiae passim uaga praeda perempta
omnis in aequoreo fluitat iam naufraga fluctu.
hic alii resident pariles uirtutis honore
heroes †mediisque siti sunt sedibus omnes,
omnes Roma decus magni quos suspicit orbis.   360
hic Fabii Deciique; hic est et Horatia uirtus,
hic et fama uetus numquam moritura Camilli.
Curtius et mediis quem quondam sedibus urbis
deuotum †bellis consumpsit gurges in unda.
Mucius et prudens ardorem corpore passus,   365
cui cessit Lydi timefacta potentia regis.
hic Curius clarae socius uirtutis et ille
†flamminius deuota dedit qui corpora flammae.

356 litt. *Cors.*   perempta *codd.*: peremptae *Bembus*   357 *sic*
V Voss.   omnis in equoreo fluit atia naufrage luctu *Cors.*: o. i. equoreo
fluctuat naufragia fluctu *S*: fluctuat omnis (omnis fluctuat *M*) in equoreo
naufragia (naufragi *P*) luctu *BMP Cant.*: nauifraga *Scaliger, nescio
an uere*   358 resident *scripsi*: sident *BMPS Cors. Cant.*: sidunt
V Voss.   359 medii_quesiti *S*: *num* meritisque?   360 magni
quos] magnis quo *S*   suspicit *Heinsius*: suscipit *codd.*   361 hic
fabii hic *Cors.*: fauii *S*   et *om. Cors.*   oratia *Cors. et V¹*:
orac(*uel* t)io *BFΠMS*: gracchia *Vossianus*   362 moritura Camilli
Cors. Bembus: mora melli *BP Cant.*: morani elli *S*: mora belli *M*:
om. F: moritura Metelli *Vossianus*: Camelos *pro eo quod scribendum
erat* Camillos *legi in Panegyricorum codicibus Vpsaliensi et Veneto
Marciano* 436 *testatus est Baehrens p.* 100 *ed. suae*   363 medius
BFMPS: metius *Mediol.*: *fort.* Mettus   · 364 bellis Ω: tellus
Wakefield: liuens *Housman*: *fort.* telis.   *Dionys. Antiqq. II.* 42 κατα-
βελής   con/sumpsit *B*   gurges in unda Ω: in/unda (i *erasa*) *B*:
gurgitis unda *Heyne*   365 mutius *B Cors.*: mutias *S*   366 cui cessit
lidithime facta *Cors. solus*: legitime (legittime et *S*) cessit cui facta *cett.*:
Clusini cessit cui *Stadtmueller*: cessit cui *Vitrano*   367 cutius *Cors.*
368 flamminius Ω: *num* flaminicus, *ut significatus fuerit pont. max. L.
Caecilius Metellus, cui dum Palladium ex aede Vestae flagrante eripit,
oculi exstincti sunt; quod ob meritum statua ei in Capitolio decreta est,
Dionys. Antiqq. II.* 66, *Sen. Controuers. p.* 380 *Bursian, Plin. H. N.
VII.* 139–141?   *an* flaminio, *hoc est* flamonio?: Fabricius *Heyne*: Caecilius *Loensis Misc. Epiph. IX.* 2.   *Housman de Calpurnio Flamma interpretatus uersum sic refingebat* graminibus deuincta gerit qui
tempora Flamma, *citans Plin. H. N. XXII.* 11, *Flor. I.* 18, 13, *Ampel.
XX, Liu. XXII.* 60. 11.   *Sed hoc uix satis uulgo notum fuerat ut
Curtiis Muciis Curiis Flamma adnumeraretur*   369–371 *retinui
ordinem codicum. Haupt transponebat hoc ordine* 370, 371, 369

iure igitur talis, sedes pietatis, honores,
Scipiadasque duces, quorum deuota triumphis   370
moenia *sub* lappis Libycae Carthaginis horrent.
illi laude sua uigeant, ego Ditis opacos
cogor adire lacus, uiduos a lumine Phoebi,
et uastum Phlegethonta pati, quo, maxime Minos,
conscelerata pia discernis uincula sede.   375
ergo quom causam mortis, tum dicere uitae,
uerberibus saeuae cogunt sub iudice Poenae,
cum mihi tu sis causa mali, nec conscius adsis,
sed tolerabilius cures. haec immemor audis?
ut tamen audieris, dimittes omnia uentis,   380
et mea diffusas rapientur dicta per auras.   383
digredior numquam rediturus. tu cole fontem   381
et uiridis nemorum siluas et pascua laetus.'   382
dixit et extrema tristis cum uoce recessit.

384 *Vita Leudegarii Martyris* 2. 301 (*Traube*), maculans cum uoce
recessit

369 talis Ω   honores Ω : tali . . . honorest *Baehrens* : *uersum exci-*
disse post 369 *credidit Housman*   370 scipiatosque *V Cors.* : scipiadasque *Vossianus et Mediol.* : istarum piadasque (piaadasque *P*) *BFMPS*
Cant. : Scipiadaeque *Haupt*   371 sub lappis *scripsi* : rapidis *FMPS*
Cant. : rapidis (*suprascr.* ni *sed manu recentiore*) *B* : rapidinis *b* :
romanis *V Cors. Vossianus* : Romanos *Koch* : harundinibus *Naeke ad*
Dir. p. 294 : uepretis *Haupt*   372 uitus opacus *F* : opacas *Cors.*
373 uacuos *Cant.*   374 phlegethon (*suprascr.* ta) *B, sed* ta *manu*
recentiore   maxima (maxi *P*) Ω : maxime *Nodell*   375
discernis *Nodell* : discernit Ω   376 ergo quam (qua *P*) c. m.
iam discere (dicere *Cors.*) u. *codd.* : quom . . . tum *scripsi* : iam . . .
iam *Heyne*   377 sub *Scaliger* : ab *codd.*   pena *Cors.*   378
mali ne *Cors. Cant.* : malignae *BP* : mali nec *Vossianus*   379
tol(toll. *P*)erabilius *BPV* : tolerabilibus *M Cors. Cant.*   curis
codd. : cures *scripsi, h. e. lentius aduertas*   hoc *Vossianus et Mediol.*
380 et tamen ut uadis *codd.* : et tamen in uanis *ed. Ascens.* 1507 : et
tamen etsi audis *Haupt* : et lamenta uagis *Birt* : ut tamen audieris *scripsi*
dimittes omnia *MP* : dimitte somnia *B Cant.* : dimitteres omnia
Cors. : dimittere sompnia *V* : dimittes somnia *ed. Ascens.* 1507   383,
381, 382 *sic ordinauit Scaliger.*   *Potest tamen uerus esse ordo uersuum*
qualis est in codd. si pro et *in* 383 *scripseris* at *cum Heynio*   rapientur *Scaliger* : rapiuntur *codd.* : rapiantur *ed. Ascens.* 1507   381 disgre-
dior *V*   fontem *Cors.* : tontes *MP* : fontis *BF*   382 uiridis *BFP* :
uirides *M Cors.* : uiridis (e *suprascr.*) *V*   384 resistit *F*

Hunc ubi sollicitum dimisit inertia uitae 385
interius grauiter regementem, nec tulit ultra
sensibus infusum culicis de morte dolorem,
quantumcumque sibi uires tribuere seniles,
quis tamen infestum pugnans deuicerat hostem,
riuum propter aquae, uiridi sub fronde latentem 390
conformare locum capit impiger. hunc et in orbem
destinat ac ferri capulum repetiuit in usum,
gramineam uiridi ut foderet de caespite terram.
iam memor inceptum peragens sibi cura laborem
congestum cumulauit opus, atque aggere multo 395
telluris tumulus formatum creuit in orbem,
quem circum lapidem leui de marmore †formans
conserit assiduae curae memor. hic et acanthos
et rosa purpureum crescens pudibunda per orbem
et uiolae omne genus. hic est et Spartica myrtus 400
atque hyacinthos et hic Cilici crocus editus aruo,
laurus item Phoebi surgens decus. hic rhododaphne
liliaque et roris non auia cura marini,
herbaque turis opes priscis imitata Sabina,
chrysanthusque hederaeque nitor pallente corymbo, 4c5

---

386 remegentem *Cors. sed adiectis signis inuertendi* 390 propter *Cant. V* : preter *BF Cors. M* fronde *ex* fronte *M* : fronte
(d *suprascr.*) *Cant.* 392 distinat *M* copulum *F* 393 uiridi
ut foderet (ut *suprascr.*) *V* : uiridi foderet (*om.* ut) Ω : gram. ut
Bembus 394 iam] tam *P* 397 lapidum *V Voss.* *fort.*
adornans 398 achantos *FPM Cors.* : achantos (h *post* t *suprascr.*)
B 399 crescent *BMPV Cors. Cant.* : quiescant *F* pudibunda *V Cors.* : rubibunda *B* : rubicunda *FPM Cant.* per orbem
Cant. : terrorem *F*, *B supra quod recentior manus adscripsit* colorem :
tenorem *Mediol.* : ruborem *V Cors.* 400 pastica *Cors.* : parthica
V 401 iacintos *M Cant.* : iacintos *B* crocus] cro *F*
sequente spatio : crosus *PB* 402 decus surgens *codd.* : decus
ingens *Housman* orodapnhe *M* : rododalphine *Cors.* phebi
decus ut (et *Voss.*) sua pagina dicit *V Voss.* 403 roris *Cors.* : rosis
BFMP Cant. cura *codd.* : tura *Ribbeck* 404 opus *Maehly*
sabinas *PV* : Sabinis *Ribbeck* 405 hrysantusque *B* : chrisantusque
Cors. : crisantus *V*

et bocchus Libyae regis memor. hic amarantus,
bumastusque uirens et semper florida tinus.
non illinc narcissus abest, cui gloria formae
igne cupidineo proprios exarsit in artus,
et quoscumque nouant uernantia tempora flores.   410
his tumulus super inseritur. tum fronte locatur
elogium tacita format quod littera uoce.

PARVE CVLEX PECVDVM CVSTOS TIBI TALE MERENTI
FVNERIS OFFICIVM VITAE PRO MVNERE REDDIT.

406 bochus *BP Cors.*: hocus *M*   amaranthus *FP Cors.*
407 bamastusque *B*: humastusque *Cors.*: buphthalmusque *Bembus*
tinus *Salmasius*: pinus Ω   408 illic *Cors.*   gloria Ω : gratia
Heinsius   409 in armis *V Cors.*   411 hic *Cors.*   infertur
Cors.   cum *M*   412 firmat *V Cors. Cant.*: firma *B*[1] t *suprascr.*
manu recentiore   413-414 *supersunt in Esc.*   414 muneris
Esc.   uita *M*   redit *Cors.*   LIBELLVS QVI NOMINATVR
CVLEX PVBLII VIRGILII (VIRGL MAROÑ. *P*) FINIT DIRAE EIVSDEM (MA-
RONIS *add. P*) INCIPIVNT *BP*: P. VIRGILII · MARONIS · CVLIX · EXPLICIT
Cors.: EXPLICIT *V*: LIBELLVS QVI NOMINATVR CVLEX VIRGILII MARONIS
FINIT *Cant.*

CIRIS

CIRIS

SIGLA

B = Bruxellensis 10675, 6, uu. 454-541
  continens   saec. xii
A = Arundelianus 133 Musei Britannici   saec. xv
R = Rehdigeranus S. i. 6. 17 Vratislauiae   saec. xv
U = Urbinas 353 bibliothecae Vaticanae   saec. xv exeuntis

Helmstadtiensem 332, nunc in bibliotheca Guelferbytana,
Vat. 3255 Pomponii Laeti scriptum manu, Chigianum in domo
Chigiana (Chigi) Romae asseruatum, Neapolitanum Musei Nea-
politani, parcius ut non raro interpolatos adhibui.

Etsi me uario iactatum laudis amore
irritaque expertum fallacis praemia uulgi
Cecropius suauis exspirans hortulus auras
florentis uiridi sophiae complectitur umbra,
†tum ea quaeret eo† dignum sibi quaerere carmen,   5
longe aliud studium atque alios accincta labores
altius ad magni †suspendit sidera mundi
et placitum paucis ausa est ascendere collem ;
non tamen absistam coeptum detexere munus,
in quo iure meas utinam requiescere Musas   10
et leuiter blandum liceat deponere amorem.
quod si mirificum *sophiae* genus omne *secutum*
(mirificum sed enim, modo sit tibi uelle libido),
si me iam summa sapientia pangeret arce,

P. Virgilii Maronis Cyris incipit *A* : P. VIRGILII ILLV. POETAE CIRIS
FELICITER INCIPIT *R*

3 suaues *U*   expirans *ARU*   herbas (*suprascr.* auras) *A*
4 florentes uiridis *ARU*   umbras *ARU* : *corr. Ald.* 1517   5 Tum
ea quaeret eo *ARU* : num mea *ed. Ascensiana* 1507 : Arateo *Victorius* :
Erato *Scaliger* : nec mea quit ratio *Barthius, Haupt* : dum mens
quiret *Buecheler, praeeunte Nic. Loensi Epiphyll.* VIII. 23 num mea quiret
eo : *f.* dum mea auens ratio   6 aliosque *U* : alios quae *Puetz,*
Schwabe : inque alios *Housman*   7 suspexit *Schrader, Fr. Iacobs* :
suspendit *AR* : suspensi *U*   8 placidum *AR*   multis *U* :
paucis (*suprascr.* multis) *A*   10 que (*suprascr.* quo) *A*   *an*
rure ?   11 leniter *R*   amorem *Loensis Epiphyll.* VIII. 23
'*ex uet. editt.*' : morem *ARU*   12 quod si mirificum genus
omnes *ARU*   *post* omnes *Corsinianus* 43 *F.* III. 21 *addit* philoso-
phiam *unde ego* sophiae *intuli,* omnes *reliquias ratus esse eius quod prius*
fuerat omne secutum   genus o Messalla parentum *Leo scribebat*
13 set enim *idem Corsinianus* : sedi *R* : secli *A*   14 mea *Cors.*
summa *ARU*   patientia *RU cum Cors.* : paciencia (*suprascr.*
sapientia) *A*   arce *Cors. cum Neapolitano* : arte *U* : artes *R* : artes
(*suprascr.* te) *A*   si mea iam summas prudentia prenderet arces
Unger, et sic sed si mihi . . . sapientia panderet *Friesemann*

quattuor antiquis heredibus edita consors,   15
unde hominum errores longe lateque per orbem
despicere atque humilis possem contemnere curas;
non ego te talem uenerarer munere tali,
non equidem, quamuis interdum ludere nobis
et gracilem molli liceat pede claudere uersum;   20
sed magno intexens, si fas est dicere, peplo,
qualis Erectheis olim portatur Athenis,
debita cum castae soluuntur uota Mineruae
tardaque confecto redeunt quinquennia lustro,
cum leuis alterno Zephyrus concrebruit Euro   25
et prono grauidum prouexit pondere currum.
felix illa dies, felix et dicitur annus,
felices qui talem annum uidere diemque.
ergo Palladiae texuntur in ordine pugnae,
magna Giganteis ornantur pepla tropaeis,   30
horrida sanguineo pinguntur proelia cocco.
additur aurata deiectus cuspide Typhon,
qui prius Ossaeis consternens aethera saxis
Emathio celsum duplicarat uertice Olympum.
tale deae uelum sollemni tempore portant,   35

---

15 quattuor] '*Platoni Aristoteli Zenoni Epicuro*' *Vollmer*   quae
regibus *Thilo*   est data *ARU* : addita *Heinsius* : edita *Baehrens*
17 Despicere *ARU*   possim *AR fortasse recte* : possum *U*   20 libeat
Heyne   22 eritheis (c *suprascr.*) *A* : eritheis *R*   *f.* qualiter Actaeis *cum*
pepla *neutri generis dixerit u.* 30   23 uota (*suprascr.* dona) *A*   24
tardaue *ARU*   25 concrebuit *AU*   26 currum *Barthius* : cursum
ARU   27 ille *U* : illa *A* : *et sic Manilius* V. 568 'Felix illa dies
redeuntem ad litora duxit', *quem locum attulit Ganzenmueller*   28
talem qui *R*   29 texuntur *U* : texentur *AR*   30 *Hunc u.*
Chatelainio uisus est ex parte expressisse is cuius, inter prosodiaca '*exem-*
pla diuersorum auctorum' *quae leguntur in cod. Vat. Reg.* 215 *saec.* ix,
adfertur hexameter hic Porro giganteis miratur mensa triumpho (*Revue de*
Philologie VII. *p.* 68)   31 cocco *U* : socco *AR* : suco *nescio quis*
apud Loensem : fuco *Heinsius*   32 delectus *ARU*: deiectus *Ald.*
1517 typho *U*   33 conscendens *Kreunen*   34 duplicarat *Baehrens* :
duplicabat *ARU* /olimpum *A, erasa littera et mutata, quae sequebatur,*
in o   35 in tempore *U*   portent (a *suprascr.*) *A*

tali te uellem, iuuenum doctissime, ritu
purpureos inter solis et candida lunae
sidera, caeruleis orbem pulsantia bigis,
naturae rerum magnis intexere chartis,
aeternum *ut* sophiae coniunctum carmine nomen   40
nostra tuum senibus loqueretur pagina saeclis.
sed quoniam ad tantas nunc primum nascimur artis,
nunc primum teneros firmamus robore neruos :
haec tamen interea quae possumus, in quibus aeui
prima rudimenta et iuuenes exegimus annos,   45
accipe dona meo multum uigilata labore
promissa atque diu iam tandem exordia . .
impia prodigiis ut quondam exterrita mollis
Scylla nouos auium sublimis in aere coetus
uiderit et tenui conscendens aethera penna   50
caeruleis sua tecta super uolitauerit alis,
hanc pro purpureo poenam scelerata capillo
pro patris soluens excisa et funditus urbe.
complures illam magni, Messalla, poetae

36 uellem *U* : uelim *RA*   38 bigis *A, sed* signis *scripto infra lineam* :
signis *U*   39 uerum *R*   40 ut *om. ARU, add. Loensis*   41 tuum
U : tecum (*suprascr.* tecum) *A* (*sic*) : tecum *R*   45 iuuenes (*suprascr.*
primos) *A* : primos *U* : *uersum om. R* : iuuenes *Ganzenmueller
illustrauit ex Ouid. M.* VII. 295, XIV. 139   47 *sic AR* : *nisi quod*
exordia *abest ab A*   et promissa tuis non magna exordia rebus *U
et marg. A et sic Barthius in ed.* 1608 *nisi quod malebat* praemissa :
promissisque . . . rebus *Walz* : promissaeque diu iam tandem exordia
opellae *Ribbeck* : exordia musae *amicus Ribbeckii* : e. curae *Baehrens* :
promissa atque diu iam tandem reddita uota *Leo* : p. a. d. iam tandem
⟨carmina narrent⟩ impia prodigiis ut q. e. *Sudhaus* : *fort.* exordia
quamuis impia, prodigiis   48 exterruit (terruit *R*) amplis *ARU* :
exercuit amplis *ed.* 1507 : exercita amoris *Scaliger* : exterrita mollis
scripsi ratus AMOLIS *in* AMPLIS *uitiatum fuisse*   50 uiserit *Baehrens* :
uicerit *uel* fugerit *Unger*   auxerit *Loensis dicit in codice quodam fuisse*
(*Epiphyll.* VIII. 24)   sydera *U*   53 proque *U*   excisa
est funditus (*suprascr.* funditur) urbe *A et sic R nisi quod habet*
funditus : excisa funditus urbe *U*   pro patria soluens excisa et f. u.
Haupt   54 cum plures *AR*   illa magni *R* : illā (*suprascr.* am)
magni *A* : illam et magni *U*

(nam uerum fateamur, amat Polyhymnia uerum)   55
longe alia perhibent mutatam membra figura
Scyllaeum monstro saxum infestante uocari.

illam esse aerumnis quam saepe legamus Vlixi
candida succinctam latrantibus inguina monstris
Dulichias uexasse rates et gurgite in alto   60
deprensos nautas canibus lacerasse marinis.

sed neque Maeoniae patiuntur credere chartae
nec malus istorum dubiis erroribus auctor.

namque alias alii uulgo finxere puellas
quae Colophoniaco Scyllae dicuntur Homero.   65
ipse Crataein ait matrem; sed siue Hecateis,
siue illam monstro genuit †grauena biformi,
siue est neutra parens, atque hoc in carmine toto
inguinis est uitium et Veneris descripta libido;
siue etiam iactis speciem mutata uenenis   70

59-62 *Ecl.* VI. 74-77
   Quid loquar aut Scyllam Nisi, quam fama secuta est
   candida succinctam latrantibus inguina monstris
   Dulichias uexasse rates et gurgite in alto,
   a, timidos nautas canibus lacerasse marinis.

55 amant *U*   polyhymnia *ed.* 1507: polimia *A*: polimnia *RU*
56 *sic U*: longe aliam perhibent (prohibent *R*) mutata in membra
figuram *AR*   57 *sic scripsi*: saxo monstra infectata uocaui *R*:
monstra saxosum (*suprascr.* in saxa) infectata (*suprascr.* conuersa)
uocaui (ri *suprascr.*) *A*: monstra in saxum conuersa uocari *U*:
monstro saxum infestare uoraci *Haupt*: *cf. Ouid. Ib.* 385 'Vt
quos Scylla uorax'   58 esse] messea *A*: messea *R*: esse *U*
erumpnis *A*: *om. R*: *fort.* errantis, ὃς μάλα πολλὰ Πλάγχθη   61
deprensos] a timidos *Vergilius, cf. Skutsch Aus Vergils Fruehzeit,
p.* 97   nautis *A*   latrasse *R*   uersum *om. U*   62 haec
post Maeoniae *add. U, suprascr. habet A*   63 malus] bonus *uel*
grauis *Walz*   65 dicuntur *ARU*: dicantur *uulg.*   66
Crataein ait *Heyne*: gratinei *ARU*: cratinei *ed. Paris.* 1500: Crataein
ei *Sillig*   Hecateis *scripsi*: erithei *AR*: ericthei *U*: Crataeis
uulg.   67 grauena *R*: grandena *ex* grauena *A*: grandeua *U*:
cranaa *Chigianus. Videtur latere nomen in* -aινa, *qualia multa sunt
piscium* ζύγαινα μύραινα σφύραινα φώκαινα φάλαινα. *Fuitne* glanyaena?
an glaucaena? monstrum g. graue Echidna biformis *Haupt*: monstro
generauit Echidna biformi *Housman*   69 id *pro* est *U*   et *om. U*
70 iactis *R*: exactis *U*: iactis (*suprascr.* exactis) *A*: tactis *Bachrens*

infelix uirgo (quid enim commiserat illa?
ipse pater nudam †saeua complexus harena
coniugium castae uiolauerat Amphitrites:
at tamen exegit longo post tempore poenas,
ut cum cura suae ueheretur coniugis alto   75
ipsa trucem multo misceret sanguine pontum):
seu uero, ut perhibent, forma cum uinceret omnis
et cupidos quaestu passim popularet amantis,
piscibus *haec* canibusque malis uallata repente
horribilis circum uidit se sistere formas.   80
heu quotiens mirata nouos expalluit artus,
ipsa suos quotiens heu pertimuit latratus!
ausa quod est mulier numen fraudare deorum
et dictam Veneri uoto interuertere poenam,
quam mala multiplici iuuenum quod saepta caterua   85
dixerat atque animo meretrix iactata ferarum,
infamem tali merito rumore fuisse
docta Palaepaphiae testatur uoce Pachynus.

72 *sic Loensis et Ald.* 1517   scaueam nudā complexit *R* : nudā
(*suprascr.* timidā) seua complexit *A* : timidam seua complexit *U* :
sola *Ruardi spec. crit.* 1769, *p.* 37 : flaua *Heyne* : fulua *Koch* : sicca
Haupt : *f.* Sicula   complexus *ed.* 1507   73 castae *Schwabe* :
carte *marg.* care *A* : carte *R* : carae *U* : canae *Heinsius*   amphitrite (*suprascr.* es) *A* : amphitrite *R* : amphitrites *U*   74 ast *U* : haec
uir doctus Obseruatt. II. 319, *Schenkl* : *fort.* ac   75 cum (*suprascr.*
tum) *A*   suae *U* : tuę *R* : tue *A* : sui *Loensis quem plerique sequuntur.*
Sed cura suae coniugis *poterat esse Neptunus, amor ac deliciae*
coniugis suae Amphitrites alte (*suprascr.* to) *A* : altę *R* : alt *U*   77
Varro ut perhibet *Unger*   omnes *ARU*   78 popularet (*suprascr.*
spoliaret) *A* : spoliaret *U*   79-84 *sic transponebat Leo* 83, 84, 79, 80,
81, 82   79 haec *scripsi* : et *ARU* : *quod Leo defendit ex titulis* : heu
Schwabe   malis (*suprascr.* rabidis) *A*   est *post* repente *adduut ARU,*
quod omisi cum Iac. Pontano ed. 1628   *Haupt* 79 *post* 80 *traiciebat*
82 pertimuit (*suprascr.* muisse) *A* : pertimuisse latrọnẹs (*suprascr.*
atus) *U*   84 et (*suprascr.* e) *A*   uoto interuertere *Sillig* :
uotorum uertere *ARU* : notorum *Barthius* : lucrorum *Haupt* :
donorum *Baehrens* : auertere *Scaliger*   85 modo (*suprascr.* mala) *A*
86 dixerat *ARU, h. e. indixerat amatoribus* : uixerat *Scaliger*
atque *ARU* : uixit eratque *Haupt*   87 merito rumore
Loensis : meritorum more *ARU*   88 *sic ARU* : palam Paphiaẹ
Ganzenmueller : Palaephatia—papyrus *Ald.* 1517, *et sic Philippụṣ*

quidquid et ut quisque est tali de clade locutus,
somnia sunt: potius liceat notescere Cirin,   90
atque unam ex multis Scyllam non esse puellis.
quare, quae cantus meditanti mittere certos
magna mihi cupido tribuistis praemia, diuae
Pierides, quarum castos aluaria postis
munere saepe meo inficiunt, foribusque hyacinthi   95
deponunt flores aut suaue rubens narcissus
aut crocus alterna coniungens lilia calta,
sparsaque liminibus floret rosa, nunc age, diuae,
praecipue nostro nunc aspirate labori
atque nouum aeterno praetexite honore uolumen.   100
　　Sunt Pandioniis uicinae sedibus urbes
Actaeos inter collis et candida Thesei
purpureis late ridentia litora conchis,
quarum non ulli fama concedere digna
stat Megara †Actaei quondam munita labore   105
Alcathoi Phoebique; deus namque adfuit illi;
unde etiam citharae uoces imitatus acutas

Phasianinus qui Palaephatum primus edidit et Parrhasius in Claudianum p. 269. *Cf. I. Schraderi* Palaephatea, *ibique quae attulit Diels*
89 quidquid *U*: quicquid *RA*　　　　　quisquam (*om.* est) *U*　　90
somnia sunt *Heinsius*: omnia sunt *AU*: omne suam *R*: omne sinam
Unger　　cyrim *A*: crein *U*: crini *ed.* 1482　　92 quare et *U*:
quare (*suprascr.* et) *A*　　certos *U*: cetos *A*: caecos *R*: coeptos
Ribbeck[2]: rectos *Bury*　　　93 magna nimis *U*: magnam hi *R*:
　　　nimis
magna// *A*　　cupido (*suprascr.* dis) tribuisti (*suprascr.* tis) *A*: cupidis
tribuisti *U*　　diua *ARU*　　94 aluaria (*sc. apum*) *Unger*: altaria
ARU: alabastria *Bergk*: calparia *Haupt*: aliparia *Minton Warren*:
pultaria *Bury*　　95 floribusque *AR*　　98 luminibus *U*　　flores
(*suprascr.* t) *U*　　agite *R*: agite *A*　　age *ed.* 1507　　102 actheos *A*
103 later/ *A*: lateri *R quod ex iteratis litteris* ri *ortum uidetur*　　104
ulli] nulli *ARU*　　105 acthei *RA*: actei *U*: Argei *Heinsius*: Alcathoi *uulg. cf. Theogn.* 773, 4　　munita] mutata *ARU*: murata *ego
olim, cum id uocabulum R. Y. Tyrrell satis probabiliter restituisset
Ciceroni Att.* IV. 16. 7　　　106 alcatoae (*suprascr.* h) *R*: alchatoe *A*:
Alcathoi *Ald.* 1517　　　decus *ARU*: Phoebi usque decus: namque
Unger　　107 imitatus *u. d. Obseruatt.* II. 319: imitantur *AU*

saepe lapis recrepat Cyllenia murmura pulsus
et ueterem sonitu Phoebi testatur amorem.
hanc urbem ante alios qui tunc florebat in armis   110
fecerat infestam populator remige Minos,
hospitio quod se Nisi Polyidos auito
Carpathium fugiens et flumina Caeratea
texerat. hunc bello repetens Gortynius heros
Attica Cretaea sternebat rura sagitta.   115
sed neque tunc ciuis neque tunc rex ipse ueretur
infesto ad muros uolitantis agmine turmas
icere et indomitas uirtute retundere mentes,
responsum quoniam satis est meminisse deorum.
nam capite ab summo regis, mirabile dictu,   120
†candida caesarie frondebant tempora lauro,
†et roseus medio surgebat uertice crinis.
cuius quam seruata diu natura fuisset,
tam patriam incolumem Nisi regnumque futurum,
concordes stabili firmarunt numine Parcae.   125

108 murmura *R* : munera *AU*   pulsis *A*   109 solitū *R*: so
tu (ni *suprascr.*) *A*   honorem *U*   111 populata *A* ·   minos
(*suprascr.* mios) *A*   112 hospicioque senis hi(y *U*)polidosa uiro
(uicto *U*) *RU et Neapolitanus* : hospicioque senis hipolisoda uiro *A* :
correxit Contarenus Var. Lect. 8 (*Ven.* 1506) *sed* quo, *non* quod
scripto : quod se *Heyne* : qua se *E. B. Greene in libro quo Apollonii
Argonautica et Cirin Anglice expressit* (1780)   113 Carpatum
(ti *suprascr.*) *R* : Carphatium *A*   cerathea *AR* : ceratea *U*   114
cortinius *A* : corinthius *U*   116 tum . . . tum *Haupt*   117 uoli-
tantes *R* : uolitanti ex *A*   118 icere *scripsi* : dicere *R et A¹*:
ducere *corr. A cum U et Neap.* : reicere *Heinsius*   indomitas
AR : indomita *U*   mentes *ARU* : Martem *Heinsius* : gentes
Heinrich   ducere *Leo retinebat, uersum ratus inter* 117 *et* 118
intercidisse, qualis potuit esse 'nec parat armatas aduersum ex urbe
cohortis'   120 ab *A* : a *U*   121 cesarie *AR* : cesaries *U et
codex Laeti, et sic Leo*   121 frondebant *R* : florebant *AU*   lauro
ARU fortasse uere, cum uerbis illis tempora lauro *uersus saepius clausi
reperiantur* (*Ganzenmueller*).   *Olim ex coni.* dederam glauca *uel* raua,
Kreunen larga   122 et *ARU* : at *Barthius*. *Exspectes potius* candida
caesarie florent qua t. lauro·Hic roseus m. s. u.c.   123 quam
(*suprascr.* q₃) *marg.* : cum *A*   124 inse *R*   125 firmarunt *ARU* :
firmarant *Heyne*

ergo omnis caro residebat cura capillo,
aurea sollemni comptum quem fibula ritu
morsilis et tereti nectebant dente cicadae.

Nec uero haec uobis custodia uana fuisset,
nec fuerat, ni Scylla nouo correpta furore,　　　　130
Scylla, patris miseri patriaeque inuenta sepulcrum,
o nimium cupidis Minoa inhiasset ocellis.
sed malus ille puer, quem nec sua flectere mater
iratum potuit, quem nec pater atque auus idem
Iuppiter (ille etiam Poenos domitare leones,　　　　135
et ualidas docuit uiris mansuescere tigris,
ille etiam diuos, homines—sed dicere magnum est),
idem tum tristis acuebat paruulus iras
Iunonis magnae, cuius (periuria diuae
olim, sed meminere diu) periura puella　　　　140
non ulli licitam uiolauerat inscia sedem,
dum sacris operata deae lasciuit et extra
procedit longe matrum comitumque cateruam,

126 cano *ARU* : caro *Ald.* 1517　　127 quem *Loensis, Epiphyll.*
VIII. 25 : quoque *ARU*　　128 corpsele (ae *R*) *AR* : corselle *U* :
Mopsopio *Parrhasius* : crobylus et *Loensis* : Cecropiae et *Scaliger* :
morsilis *scripsi* (morsu habilem *iam Unger*).　*Mai Class. Auct.* VIII.
362 Morsatilis ad mordendum habilis, quod et morsilis dicitur. p. 338
Mordeo inde hic morsus, us et hic morsellus, li, et hic et haec morsilis
et hoc le i. quod aptum est ad mordendum　nectebant *R* : nectabant
A : nectebat *U*　　129 uobis *ARU* : urbis *Heinsius*　130 fuerat
ARU, cf. Quintil. X. 1. 120 'adiecisset enim, atque adiciebat' : ruerat
Ribbeck　ni] nisi *AU* : in *R*　correpta *Ascensius in Comment. ed.* 1507 :
concepta *ARU*　　132 o *ARU* : heu *Maehly* : *fort.* a　Minoa *Lachmann
ad Lucret.* III. 374 : si non *ARU* : Minon *Buecheler* : Minona *ipse
conieceram*　　134 idem ' quia Iuppiter eum ex filia genuit' *Ascensius
in ed.* 1507　　136 rabidas *Heyne*　uires *R* (*et suprascr.* uictas) *A* :
uictas *U*　tigres *U*　　137 homines] omnes *Heinsius*　138 cum
RU : tum (*suprascr.* cum) *A*　　tristis *R* : superis *U* : tristis (*suprascr.*
superis) *A* : *fort.* turpis　　139 *parenthesin statui cum* periuria *ad
sequens* periura *aperte referatur. Probauit Ganzenmueller*　　140
sed *scripsi et sic ed. Ven.* 1492 : se *ARU* : si *Sillig* : di *uel* sat *Ribbeck* :
in se *Vollmer*　puelle *RU* : puellae *A*　　141 nonnulli *ARU* : non
ulli *ed.* 1507　licitam *Unger* : lictam *Chigianus* : liceat *ARU* :
nulli neclectam *Stadtmueller*　　143 caterua *ARU* : cateruam *ed.
Ascens.* 1507 : cateruas *Baehrens*

suspensam gaudens in corpore ludere uestem
et tumidos agitante sinus aquilone relaxans.   145
necdum etiam castos gustauerat ignis honores,
necdum sollemni lympha perfusa sacerdos
pallentis foliis caput exornarat oliuae,
cum lapsa e manibus fugit pila, quoque relapsa est,
procurrit uirgo. quod uti ne prodita ludo   150
auratam gracili soluisses corpore pallam!
omnia quae retinere gradum cursusque morari
possent, o tecum uellem tua semper haberes!
non umquam uiolata manu sacraria diuae
iurando infelix nequiquam iure piasses.   155
etsi quis nocuisse tibi periuria credat?
causa pia est : timuit fratri te ostendere Iuno.
at leuis ille deus, cui semper ad ulciscendum
quaeritur ex omni uerborum iniuria dicto,
aurea fulgenti depromens tela pharetra   160
(heu nimium †terret, nimium tirintia uisu†)

160 *Aen.* 5. 501

146 agitauerat *U* : gustauerat (*suprascr.* agitauerat) *A*   148 Pal-
lantis *A*¹   ^{ra}   exornarat *U* : exornat (*sic*) *A* : exornat *R*   149
lapsa e *U* : lapse *AR*   cumque *ARU* : quoque *Unger* relapsa
est *Heinsius* : relapsẹ *AU* : relapse *R* : ea lapsa est *Maehly* : elapsa
est *Ribbeck* : *f.* relata est   150 quod (*suprascr.* quo) *A* : quo
U   151 auratam *Fr. Iacobs* : aurea iam *ARU* : aureolam *Housman*   soluisses *Barthius* : soluisset *ARU*   153 uelem
(l *suprascr.*) *R*   tua tegmina *Stadtmueller* : tunc, semper *Housman*   154 non numquam *A*   manu *U* : manus *AR*   155
iurando *ARU* : urendo . . . tura *Sillig* : intrando *Unger*   nequiquam
Ribbeck : nequicquam *AR*   iure *Barthius* : iura *ARU*   156 et
ARU : set *Schwabe* : at *Ribbeck* : etsi quis . . . credat? *Buecheler*
157 *an* causa patet?   158 ad ulciscendum *Ald.* 1517 : adolescen-
dum *R, et* t *suprascr. A* : adolescentum *U. Cf. Schol. Arateorum
Germanici p.* 87 *Breysig* ' dum tempus ad ulciscendum se osten-
deret '   159 dicto *ARU* : dictu *Helmstadtiensis quod recepit Leo* :
facto *Maehly* : uerbo atque i. facto *Haupt*   161 terret
(*suprascr.* tereti) nimium tirītia uisu (*suprascr.* iussu) *A* : terret
nimium tiricia uisu *R* : tereti n. tirynthia iussu *U* : *pro* terret
uel tereti *coniecerunt* certo *uir doctus ap. Schraderum* : certa et *Keil* :

uirginis in tenera defixerat omnia mente.

    Quae simul ac uenis hausit sitientibus ignem
et ualidum penitus concepit in ossa furorem,
saeua uelut gelidis Edonum Bistonis oris   165
ictaue barbarico Cybeles antistita buxo,
infelix uirgo tota bacchatur in urbe,
non storace Idaeo fraglantis picta capillos,
coccina non teneris pedibus Sicyonia seruans,
non niueo retinens bacata monilia collo.   170
multum illi incerto trepidant uestigia cursu.
saepe redit patrios ascendere perdita muros
aeriasque facit causam se uisere turris;
saepe etiam tristis uoluens in nocte querelas
sedibus ex altis †caeli speculatur amorem,   175
castraque prospectat crebris lucentia flammis.
nulla colum nouit, carum non respicit aurum,
non arguta sonant tenui psalteria chorda,

---

tenui *Ellis* : *pro* tirītia *Scaliger* torrentia, *Barthius* Gortynia, *nescio quis
apud Schraderum* ferientia, *Keil* terrentia, *Unger* temerantia, *Stadtmueller* uibrantia, *Ellis* intereuntia : h. n. certo, n. Tirynthia, nisu *Ganzenmueller, tamquam Amor certo nisu et Herculis certas sagittas imi-
tante Scyllam perculerit* : heu n. teritur, n. corytus in usu est *ego olim
American Journal of Philology* VIII. *p.* 7   162 in tenera *codex Lacti*
(*Vat.* 3255) : interea *AR*   defixit acumina *Heinsius*   165 gelidī
sydonum *AR* : gelidis Edonum *Constantius Fanensis Hecatostyos c.*
81 (1508)   oris *Const. Fanensis* : honores *ARU ex* horis *ut
uidetur corruptum*   168 storace] '*lege* styrace' *Loensis* VIII. 26
ide(a)e *AR*   flagrantis *A*   picta *ARU* : tincta *Schrader, Fr.
Iacobs*   169 coccina *Baehrens* : cognita *ARU* Sicyonia *Const.
Fanensis Hec.* 80 : sic omnia *ARU*   seruas *R*   170
retines *R*   baccata *A* : bacchata *R*   171 multo *R*   172
perdita *corrector Helmstadtiensis et sic ex coni. Dousae patris uir doctus
Obseruatt.* II. 319 (1732) : prodita *ARU*   173 turres *ARU*   175
caeli *RU* : celi *A*   amorem *ARU* : honorem *Unger, ut de
stellis dixerit cf.* 218.   *Pro* caeli *coniecerunt* secum *uir doctus Obseruatt.*
II. 319, tecti *Heyne,* Celei *Hertzberg, de templo Cereris interpretans
quod ad Kerata, in confinio Atticae, Celeus exstruxerat, ex aulae celsis
Haupt,* uel sic *Leo,* caeli s. in orbem *Ribbeck*

non Libyco molles plauduntur pectine telae.
nullus in ore rubor : ubi enim rubor, obstat amori.   180
atque ubi nulla malis reperit solacia tantis,
tabidulamque uidet labi per uiscera mortem,
quo uocat ire dolor, subigunt quo tendere fata,
fertur et horribili praeceps impellitur oestro,
ut patris a demens crinem de uertice caesum   185
furtimque arguto detonsum mitteret hosti.

namque haec condicio miserae proponitur una,
siue illa ignorans—quis non bonus omnia malit
credere, quam tanto sceleris damnare puellam?—
heu tamen infelix : quid enim imprudentia prodest?   190
Nise pater, cui direpta crudeliter urbe
uix erit una super sedes in turribus altis,
fessus ubi exstructo possis considere nido,
tu quoque auis moriere : dabit tibi filia poenas.

gaudete o celeres, subnisae nubibus altis,   195
quae mare, quae uiridis siluas lucosque sonantis
incolitis, gaudete, uagi laris ante uolucres,

180 *fort.* ubi non rubor obstat amori?   185 ah *AR*   demum
(*suprascr.* demens) *A* : demens *R*   caesum *scripsi* : serum *R quod
tutatus est Vollmer tamquam senis de uertice* : serum (*suprascr.* uet) *A* :
seruet *U* : ferret *ed.* 1501 : sectum *Helmst. m. sec.* : sacrum *Sillig*   186
furtim atque *U* : furtim atque argute *Vollmer* : furtiua *Forbiger   Inter*
185 *et* 186 *Leo uersum ratus est excidisse, qui talis esse potuerit* splendentem
appet_ret, foedus sibi pacta nefandum   187 miserae proponitur *Ald.*
1517 : nisi crept? ponitur *R* : msi (? in si) ereptae ponitur (*suprascr.* rapto
op.) *A* : nisi rapto opponitur *U* : Niseidi *Heinsius* : deceptae *Sillig.
Ganzenmueller contulit Catull.* XCIX. 15 'poenam misero proponis
amori'   189 tanto sceleris *scripsi* : tanto scelere *ARU* : tanto sceleri
Barthius : tanti sceleris *ed.* 1501   190 heu] tu *u. d. Obseruatt.* II.
321 *quod ad uocatiuum* Nise pater *referebat*   imprudentia *U* : prudentia *AR*   191 quoi *A* : cum quo *U*   rapta *U*
192 erat *U*   193 considere (*suprascr.* scen) *A* : consedere *R* :
conscendere *U*   194 tuque *A*   metuere *G. Hermann*   tum
quoque auis metuere *Ribbeck*   195 sub nisae *R* : subnixae *AU*
197 uagi laris ante *scripsi* : uagae laudate *R* : uagae laudate (*suprascr.*
blandeque) *A*.   *Volucres uagae ante nec certam sedem tenentes, cum se
eis Scylla adiunxerit, non iam uagabuntur.*

uosque adeo humanos mutatae corporis artus,
uos o crudeli fatorum lege, puellae
Dauliades, gaudete: uenit carissima uobis   200
cognatos augens reges numerumque suorum
Ciris et ipse pater. uos o pulcherrima quondam
corpora, caeruleas praeuertite in aethera nubes,
qua nouus ad superum sedes haliaetos et qua
candida concessos ascendat Ciris honores.   205

Iamque adeo dulci deuinctus lumina somno
Nisus erat, uigilumque procul custodia primis
excubias foribus studio iactabat inani,
cum furtim tacito descendens Scylla cubili
auribus arrectis nocturna silentia temptat   210
et pressis tenuem singultibus aera captat.
tum suspensa leuans digitis uestigia primis
progreditur ferroque manus armata bidenti
euolat: at demptae subita in formidine uires:
caeruleas sua furta prius testatur ad umbras.   215
nam qua se ad patrium tendebat semita limen,
uestibulo in thalami paulum remoratur et alte

208 *Ecl.* 2. 5

198 uosque (*suprascr.* us) *A* : usque *U*   humanos *AR* : humani
U   imitate (*suprascr.* mutate) *A*   199 crudeli *Ald.* 1517 : cru-
deles *AR* : crudelis *U*   200 gaudete *Scaliger*: crudele *ARU*
nobis *R*   201 sororum *Barthius*   202 Cyris *AR*   203
preuertite *U*: peruertite *R* : peruertite (*suprascr.* pre) *A*   204
haliaetos *scripsi et hic et* 528, 536, *cf. Eurip. fr.* 636 *Nauck²*:
haliaeetus *Loensis* VIII. 26 : chalceius *U*: calcheius *AR*   et
a qua (*suprascr.* et qua) *A*   205 ascendat *ARU*: ascendit *ex*
-dis *Corsinianus, idemque coni. Schwabe*: ascendet *Haupt*: accedat
Loensis VIII. 26   206 deuictus *AU*: deuinctus *ed. Ascens.*
1507   207 primas *Lindenbruchius*   210 arectis *Neapolitanus*: erectis *R* : erectis (*suprascr.* a) *A*   213 progreditur
Schwabe: egreditur *ARU*   uidenti *R* : bipenni *Baehrens*   214
aut (*suprascr.* at) *A* : aut *R* : at *U*   216 lumen *A¹*   217
remoratus *R* : remoratus (*suprascr.* ur) *A, sed* -us *in* -as *ut uidetur
mutato*   alti *R et A, sed hic ut quod nunc est* i *prius aliud fuerit* :
altum *U*: alte *Hertzberg*

suspicit ad gelidi nutantia sidera mundi,
non accepta piis promittens munera diuis.

Quam simul Ogygii Phoenicis filia Carme   220
surgere sensit anus, sonitum nam fecerat illi
marmoreo aeratus stridens in limine cardo,
corripit extemplo fessam languore puellam,
et simul 'o nobis sacrum caput' inquit 'alumna,
non tibi nequiquam uiridis per uiscera pallor   225
aegrotas tenui suffundit sanguine uenas,
nec leuis hoc faceres, neque enim pote, cura subegit,
aut fallor: quod ut o potius, Ramnusia, fallar!
nam qua te causa nec dulcis pocula Bacchi
nec grauidos Cereris dicam contingere fetus?   230
qua causa ad patrium solam uigilare cubile,
tempore quo fessas mortalia pectora curas,
quo rapidos etiam requiescunt flumina cursus?
dic age nunc miserae saltem, quod saepe petenti
iurabas nihil esse mihi, cum maesta parentis   235

---

228 *Aen.* 10. 631

218 gelidi *scripsi*: cẹli *AR*: celsi *Scaliger*   mutantia *R*:
nictantia *Scaliger*   219 pie *E. B. Greene*   221 somnum *U*
quod uerum potest esse si pro fecerat *scribas* uicerat   222
                                                         c
marmore *A*: marmorea *R*   ṭardo *U*. *Inter* 222 *et* 223 *uersum*
intercidisse ratus est Leo   224 simul o *U*: famul o 〈*suprascr.*
simul〉 *A*: famulo *R*   alumna *ARU idque malebat Naeke Dir.*
p. 123   225 nequiquam *Ribbeck*: nec quicquam *R*: ne quicquam *A*   226 aegrotas *AR*: aegroto *U*: aegroto tenuis *Ribbeck*
suffudit *U*   227 faceres *unlg.*: faceret *ARU*   *post* faceret neque
enim pote *Leo sic supplebat* causa: medullis fixa imis mentem
miserae tibi cura   228 aut *R et. A, sed hic ut* h *postea*
praefigeretur: haud *U*   quod ut o *Schrader*: quod te *AU et*
Corsinianus: quod . . . *R*: quoduta, u *postea in* i *correcta, Helmst.*:
quod ut a *Baehrens*   fallar *Iunt.*: fallor *RU*: fallor 〈*suprascr.*
fallit〉 *A*   nec leuis hoc faceret, neque enim pote, cura:
subegit, aut fallor, quod ut o potius, Ramnusia, fallar! *Sillig* ut
Ramnusia *nominatiuus sit qui ad* subegit *referatur*   229 que
〈*suprascr.* qua〉 *A*: quẹ *R*   231 qua *ed. Ascens.* 1507: que *AR*
sola in *AR sed hic ut* in *cum* uigilare *cohaereret, an* solam inuigilare?
234 quod *ARU*: quae *Baehrens*   235 mihi *ARU, sed misere languet*
cum *ARU*: cur *cod. Laeti et corrector Helmst., et sic edidit Ribbeck*

formosos circum uirgo morerere capillos.
ei mihi, ne furor ille tuos inuaserit artus,
ille Arabae Myrrhae quondam qui cepit ocellos,
ut scelere infando (quod nec sinat Adrastea)
laedere utrumque uno studeas errore parentem!   240
quod si alio quouis animi iactaris amore,
(nam te iactari, non est Amathusia nostri
tam rudis ut nullo possim cognoscere signo,)
si concessus amor noto te macerat igne:
per tibi Dictynae praesentia numina iuro,   245
prima deum dulcem mihi te quae donat alumnam,
omnia me potius digna atque indigna laborum
milia uisuram, quam te tam tristibus istis
sordibus et scora patior tabescere tali.'

  Haec loquitur, mollique ut se uelarat amictu,   250
frigidulam iniecta circumdat ueste puellam,
quae prius in tenui fuerat succincta crocota.

236 morerere *ARU* : morere *Corsinianus* : remorere *ed. Paris.* 1501
237 ei *Ribbeck* : hei *ARU*   238 arabea (*suprascr.* arabis) *A* :
arab(a)e *R* : arabis *U*   239 nec *ARU*   ne *Schenkl*   sinat *Loensis*
VIII. 26 : sinit *ARU, quod retinuit Ribbeck*   Adrastea *om. R*
240 una *A*   parentum *ex* parentem *U*   241 quouis alio *R*
et *A m. pr.*   animi *Haupt* : animis *R* : animo *AU* : animum
Scaliger   amorem *A* : amorem *R*   242 nam *U* : nec *AR*
fortasse uere, si Aeschyleo more garrit nutrix   amathisia *AR*   244

              y
sin *U*   igne *ARU*   245 dictinnae *U* : dictime *A* : *om. R*
Dictynae *scribendum esse docuit Wilamowitz-Moellendorff* : *cp.*
Skutsch Aus Vergils Fruehzeit, p. 78   246 p. deum quae dulce
mihi te donat a. *ARU* : *quod retinebat Vollmer parenthesin faciens*
(dulce mihi) : prima decus *Schrader sed cf. uersus quos attulit Loensis*
ex Charis. IV. 254 'Luna deum quae sola uides periuria uulgi, Seu
Cretaea magis seu tu Dictyna uocaris'   247 laborum (*suprascr.*
laturam) *A* : laturam *U* : *an ex relatu? cf. Aen.* IX. 595 : *et sic coni.*
Domitius Calderinus   249 scora *scripsi h. e.* scoria, *cf.* scaurarius :
scoria *AU* : morbo *R* : scabre *Scaliger* : foria *Reinesius* : carie *Bar-*
thius : senio *Ribbeck ex Misc. Obseruatt.* IV. 323 : spurca . . . tabi *ego*
olim   250 uelarat *Heyne* : uelauit *ARU* : euelauit *uir doctus in*
Misc. Obseruatt. IV. 323   252 ut *pro* in *U*   crocota *Scaliger* :
corona *ARU*.

dulcia deinde genis rorantibus oscula figens
persequitur miserae causas exquirere tabis,
nec tamen ante ullas patitur sibi reddere uoces,   255
marmoreum tremebunda pedem quam rettulit intra.
illa autem 'quid *enim* me' inquit 'nutricula torques?
quid tantum properas nostros nouisse furores?
non ego consueto mortalibus uror amore,
nec mihi notorum deflectunt lumina uultus,   260
nec genitor cordi est: ultro namque odimus omnis.
nil amat hic animus, nutrix, quod oportet amari,
in quo falsa tamen lateat pietatis imago,
sed media ex acie mediisque ex hostibus. heu heu
quid dicam, quoue aegra malum hoc exordiar ore?   265
dicam equidem, quoniam tu me quid dicere, nutrix,
non sinis? extremum hoc munus morientis habeto.
ille, uides, nostris qui moenibus assidet hostis,
quem pater ipse deum sceptri donauit honore,
cui Parcae tribuere nec ullo uulnere laedi,   270
(dicendum est, frustra circum uehor omnia uerbis)
ille mea, ille idem oppugnat praecordia Minos.
quod per te diuum crebros testamur amores,
perque tuum memori ductum mihi pectus alumnae,

267 *Ecl.* 8. 60

253 fingens *R*   254 persequitur *ed.* 1507: prosequitur *AR*   tabis
u. d. Obseruait. II. 321: talis *R*: tales *U*, *A corr.*   256 quem
(*suprascr.* quam) *A*: quem *R*   retulit *A*   257 quid enim me
(? quid me, inquit, enim) *scripsi*: quod me inquit nutricula *R* : quid me
(*suprascr.* nunc) i. n. *A*: quid nunc me inquit *U*: quid me inquit io
Heinsius, Haupt : quid sic me inquit *Leo*   262 par sit *pro* oportet
Lachmann ad Lucr. I. 778   amari *ex* amare *A*   263 in]
nil *Heyne*   264 mediis (*om.* que) *AU*   heu *U*   265 aegra
Baehrens: agam *AR*: ausa *Sillig*   266 tu me quid d. *scripsi* :
          quid   re
tum non diceret *A* (*sic*) : tu non d. *R*: quid non tibi *U*: quid me
tibi *ed.* 1507 : tibi me non dicere *Schenkl, Ribbeck* : tu me non dicere
Baehrens   270 qui *U*   tribuere (*suprascr.* tribuunt) *A*   ullo] *f.*
uno   271 est *om. U*   273 per te *AR*: te per *uulg.*   testamur
R : testatur (*suprascr.* obtestor) *A*   274 memoris *ARU*   auctum
R et (*suprascr.* haustum) *A*: memori haustum *Scaliger* : sanctum
Sillig : suctum *Haupt* : ductum *scripsi*

ut me si seruare potes, nec perdere malis.   275
sin autem optatae spes est incisa salutis,
ne mihi quam merui inuideas, nutricula, mortem.
nam nisi te nobis malus o malus, optima Carme,
ante hunc conspectum casusue deusue tulisset,
aut ferro hoc ' (aperit ferrum quod ueste latebat)   280
' purpureum patris dempsissem uertice crinem,
aut mihi praesenti peperissem uulnere letum.'

  Vix haec ediderat cum clade exterrita tristi
intonsos multo deturpat puluere crinis
et grauiter questu Carme complorat anili.   285
' o mihi nunc iterum crudelis reddite Minos,
o iterum nostrae Minos inimice senectae,
semper *ut*·aut olim natae te propter eundem,
aut Amor insanae luctum portauit alumnae !
ten ego tam longe capta atque auecta nequiui,   290
tam graue seruitium, tam duros passa labores,
effugere, o bis iam exitium crudele meorum ?
iam iam nec nobis aequo senioribus ullum
uiuere uti cupiam uiuit genus. ut quid ego amens

280 *Aen.* 6. 406

275 uersa re petis (*suprascr.* potes) *A* : uersa repetis *R* : uersare
potes *U* : *correxit Ascensius ed.* 1507   nec *ARU, cf. Arist. Nub.* 1177
νῦν οὖν ὅπως σώσεις μ', ἐπεὶ κἀπώλεσας   277 ne *ed.* 1507 : nec *ARU*
quod retinebat Vollmer   inuideas *U* : inuideris *AR*   278 si *U*
malus a malus *Baehrens*   279 ante hunc *ARU* : ante in *Draken-*
borchius ad Sil. II. 31   280 operit *R*   283 tristi *ed. Ascens.*
1507 : tristis *ARU*   284 intonsos] incomptos *Heinsius* : incanos
Schenkl : *fort.* intortos, *h. e. crispos*   crinis *Corsinianus* : crines *ARU*

288 ut *add. Schrader*   semper aut *R* : semper $\overset{\&}{\underset{\wedge}{}}$ aut *A* : semper
et aut *U Chigianus* : *in R + adiectum est in dextro margine, quod*
indicio est aliquid excidisse : semperne *Bothe*   nata o te *U Chig.*
eundem (*suprascr.* v) *A*   289 lectum *A* : letum *R* : luctum
U cum Helmst. num fletum ? *cf. Cul.* 140   290 ten *scripsi* : tene *ARU*   longo (*suprascr.* e) *A*   rapta *Schenkl*
aduecta *R* : ad uecta *A* : auecta *U*   292 o bis iam
exitium *Housman* : obsistam exitium (-tum *U*) *ARU* : exitium
ut sistam *ego olim*   293 aequo *Haupt* : ea que (quae *U*)
AU : caque *R* : acui *Heinsius*   294 uiuere uti cupiam
Sillig : uiuendi copiam *ARU* : *num* uisere si cupiam ?   ut quid

te erepta, o Britomarti, meae spes una salutis,   295
te, Britomarti, diem potui producere uitae?
atque utinam celeri ne tantum grata Dianae
uenatus esses uirgo sectata uirorum,
Gnosia neu Partho contendens spicula cornu
Dictaeas ageres ad gramina nota capellas!   300
numquam tam obnixe fugiens Minois amores
praeceps aerii specula de montis *ibi* isses
unde alii fugisse ferunt, et numen Aphaeae
uirginis assignant, alii, quo notior esses,
Dictynam dixere tuo de nomine Lunam.   305
sint haec uera uelim: mihi certe, nata, peristi:
numquam ego te summo uolitantem uertice montis
Hyrcanos inter comites agmenque ferarum
conspiciam nec te redeuntem amplexa tenebo.
uerum haec tum nobis grauia atque indigna fuere   310

302 *Ecl.* 8. 59

(quod *R*) *ARU. Vide Woelfflin in Archiv. Lexicographiae Latinae
anni* 1887, *p.* 617   ego] eo *R*   295 te erepto brit o mortem est
a sepulchri
spes una salutis *A*: te erepto britho mortē ei spes una salutis *R*:
+ *adiecto in dextro marg.*: te erepta *Chigianus*   296 te brithe
(*suprascr.* o) morte (*suprascr.* a) *A*: te brithe morte *R*   + *habet in
dextro marg. R*   297 cereri *U*   ne *Ald.*: nec *ARU*   299
gnossia *R*   neufario *U*: naupharto *RA*: naupacto *Chigianus*:
neu Partho *Ald.* 1517: nec Partho *Haupt*: cf. *Ecl.* X. 59 'libet
Partho torquere Cydonia cornu spicula': *an* Gnosias hau Phario?
Φαραί, πόλις Κρήτης (*Steph. Byz.*)   300 puellas (*suprascr.* capellas)
A: puellas *R*: capellas *U*   301 fugiens *AR*: fugeres *U cum Neapolitano*   minoris *AR*: minoos *Neapol.*: o minos *U*   302
montis ibi isses *scripsi*: montibus isses *ARU*: montis abisses
Scaliger: m. obisses *Sillig*: m. iisses *Haupt*   303 *et om. R, relicto
spatio cum punctis, et A m. pr. quamquam id adiectum habet supra
lineam*   numen Aphaeae *Loensis* VIII. 26, *Leopardus, et ante ambos
Parrhasius qui et* Rhoccae *ex Aeliani H. A.* XII. 22 *coni. Hesych.*
Ἀφαία· ἡ Δικτύννα (? Δίκτυννα) καὶ Ἄρτεμις: numina phoce *ARU*
305 Dyctimam *ex* Dyctmam *A*   306 sint *A*: sunt *R*: sin *ed. Ven.*
1500   perisses *U*   308 Hyrcanos] *fort.* Hyrtacios *Steph.
B.* Ὑρτακός, ἡ καὶ Ὑρτακῖνος, πόλις Κρήτης. *Inscript.* Gortynia (*Halbherr & Comparetti* 1889, p. 32) Ἐλύριοι Ὑρτακίνιοι   310 tum
U: tunc *AR*   nobis *ARU*

CIRIS

tum, mea alumna, tui cum spes integra maneret,
et uox ista meas nondum uiolauerat auris.
ten etiam fortuna mihi crudelis ademit,
ten, *quae* sola meae uiuendi causa senectae?
saepe tuo dulci nequiquam capta sopore,   315
cum premeret natura, mori me uelle negaui,
ut tibi Corycio glomerarem flammea luto.
quo nunc me, infelix, aut quae me fata reseruant?
an nescis, qua lege patris de uertice summo
edita candentis praetexat purpura canos,   320
quae tenuis patrio praes sit suspensa capillo?
si nescis, aliquam possum sperare salutem,
inscia quandoquidem scelus es commenta nefandum.
sin est quod metuo, per te, mea .alumna, tuumque
expertum multis miserae mihi rebus amorem,   325
perdere saeua precor per flumina *te* Ilythyiae,
ne tantum †in facinus tam nulla mente sequaris.
non ego te incepto, fieri quod non pote, conor
flectere amore, neque est cum dis contendere nostrum;

311 tum *ARU*   tui (*suprascr.* tibi) *A* : tibi *R*   maneret *ARU* :
manebat *Heinsius*   312 et *U* : nec *AR quod Buecheler retinebat*
313 ten *scripsi* : tene *A* : te *R*   314 tene *ARU*   quae *scripsi* :
o *U* : om. *AR*   315 nec quicquam *AR*   318 aut quae *U* : aut
quo *AR*   numina seruant *U*   ad quae me numina seruant? *u. d.
Obseruatt.* II. 322.   *Sed uere traditum esse* fata reseruant *ostendunt Aen.*
IV. 368, V. 625 *quos locos idem u. d. attulit*   320 cadentes *A*   pretex-
erat *R*   321 praes sit *scripsi* : prẹsit *R* : pressit *AU* : spes sit *ed.* 1507
323 commenta *scripsi* : cantanda (*suprascr.* conata) *A* : esca tentanda
R : es conata *Ascensius in ed.* 1507   324 per te mea *Gronouius ad
Liu.* XXIX. 18. 9 : per me tu (*suprascr.* mea) *A* : p̣ metuo p̣ me tu *R* :
per me mea *U*   per te, m. a., meumque expertum multis miserae tibi
r. a. *E. B. Greene*   326 perdere saeua (scaeua *R*) *ARU quod cum
Schenklio et Ribbeckio retinui* : per te sacra *Scaliger*   flumina *RU* :
fluminā ∧ o lythie ·*marg.* sacra *A* : elythiae *R*   per flumina te
Ilythyiae *Walz* : per fl. Lethaea *Salmasius* : per flumina te Lethaei
ego olim : per lumina *Sillig, Ribbeck*   327 ne *U et Loensis Epiphyll.*
VIII. 26 : nec *AR*   nulla (*suprascr.* molli) *A* : nulla *R* : molli *U*
329 amore neque est *Ald.* 1534 : amor nec sit *AR* : amor neque sit
U : *codicum lectionem tuiti sunt Naeke ad Dir. p.* 312 'Apostrophe est
ad Amorem' *et u. d. Obseruatt.* II. 322, *hic quidem de Scylla, Carmes
deliciis, interpretans*

sed patris incolumi potius denubere regno   330
atque aliquos tamen esse uelis tibi, alumna, penatis :
hoc unum exitio docta atque experta monebo.
quod si non alia poteris ratione parentem
flectere (sed poteris : quid enim non unica possis ?)
tu potius tamen ista, pio cum iure licebit,   335
cum facti causam tempusque doloris habebis,
tunc potius conata tua atque incepta referto,
meque deosque tibi comites, mea alumna, futuros
polliceor : nihil est, quod texitur ordine, longum.'

His ubi sollicitos animi releuauerat aestus   340
uocibus et blanda pectus spe luserat aegrum,
paulatim tremebunda genis obducere uestem
uirginis et placidam tenebris captare quietem,
inuerso bibulum restinguens lumen oliuo,
incipit, ad crebros*que* insani pectoris ictus   345
ferre manum, assiduis mulcens praecordia palmis.
noctem illam sic maesta super morientis alumnae
frigidulos cubito subnisa pependit ocellos.

Postera lux ubi laeta diem mortalibus almum,
et gelida (uenientis enim) quatiebat ab Oeta   350

330 denubere *R* : denubere (*suprascr.* te nubere) *A*   331
uelim *u. d. Misc. Obseruatt.* IV. 327   332 exilio *Baehrens, secutus
Misc. Obseruatt.* IV. 327   335 tu (tunc *U*) potius tamen ipsa *ARU* :
tum *Haupt*   ista *u. d. ubi supra*   336 tempus causamque *A, sed
adiectis notis inuertendi* : *f.* facti tempus causamque doloris   337 tunc
ARU : tum *Haupt*   tua *R* : tue (*suprascr.* tuo) *A* : tuo *U*   incepta
ed. Caesaraugustana 1513 : incerta *ARU*   338 deosque *U* : deos
RA   *fort.* meque deos tibi tum c. m. a. daturam polliceor   339
nichil est quod texitur ordine longum *excerpta cod. Paris.* 7647 *et* 17903
texuit *R* : texat in *U* : texuit (*suprascr.* texat in) *A*   quod texas
ordine *Naeke Dir. p.* 137   340 hic *AR* : ḥiç *U* : his *ed. Colon.*
1545   releuauerat] *in A posterior manus* i *suprascripsit*   341
iusserat (*suprascr.* uiserat) *A* : iusserat *R* : uiserat *U* : uicerat *Iuntina* :
uinxerat *Ald.* 1517 : luserat *Ald.* 1534   343 aptare *Sillig* : lactare
Kreunen   344 restinguens *Corsinianus* : restringuens *Chig.* : restringens
AR   345 que *om. ARU*   348 subnisa *scripsi* : subnixa *codd.*   350
gelida *R*, geliada *A m. pr., post correctum in* gelido : gelido

CIRIS

quem pauidae alternis fugitant optantque puellae,
Hesperium uitant, optant ardescere Eoum,
praeceptis paret uirgo nutricis et omnis
undique conquirit nubendi sedula causas.
temptantur patriae summissis uocibus aures,   355
laudanturque nouae pacis bona : multus inepto
uirginis insolitae sermo nouus errat in ore.
nunc tremere instantis belli certamina dicit,
communemque timere deum ; nunc regis amicis,
iamque ipsi uerita est : orbum flet maesta parentem, 360
cum Ioue communis qui non dat habere nepotes.
nunc etiam conficta dolo mendacia turpi
inuenit et diuum terret formidine ciuis.
nunc alia ex aliis (nec desunt) omina quaerit.
quin etiam castos ausa est corrumpere uates,   365
ut, cum caesa pio cecidisset uictima ferro,

U Chig. uenientis enim *scripsi, h. e. lux enim fuit uenientis, non abeuntis diei, cf. G.* II. 508 'hunc plausus hiantem per cuneos (geminatus enim plebisque patrumque) corripuit' : ueniente mihi *R* : ueniente mihi (*suprascr.* mane) *A* : ueniente mane *U Chig.* : ueniens mani *ed.* 1507 : u. flammam *Wakefield* : uenientem ignem *Haupt* 351 obstantque (*suprascr.* optant) *A* : abstantque *R* 352 eoum *Heinsius ad hunc locum, Bentleius ad Callimachi fragm. Hecales* 52 αὐτοὶ μὲν φιλέουσ' αὐτοὶ δέ τε πεφρίκασιν, Ἑσπέριον φιλέουσιν, ἀποστυγέουσιν Ἐῷον : *cf. uersus Cinnae* 'Te matutinus flentem conspexit Eous et flentem paulo uidit post Hesperus idem' : solem *AU* : in *R spatium est cum punctis. Plin. H. N.* II. 36 'Praeueniens quippe et ante matutinum exoriens luciferi nomen accipit ut sol alter diemque maturans' 355 temptatus *R* : temptantur *ex* temptatus *A* patrie *ex* proprie *A* : proprie *R* 356 que *om.*
                                                        o
Chig. nouae *scripsi* : bonae *ARU Chig.* inempte *A* : inempte *R* : inepto *U* : inepte *Leo* 357 insolito *Pithoeus* : insolite (e *A*) *RA Leo* nouus *suspectum* : *an* sermunculus ? 360 namque ipsi (ipsa *A¹*, ipso *U*) ueritas est (uerita et *U*) *ARU* : iamque *Haupt fort.* ueritast orbum (*suprascr.* orbari) *A* 361 qui non dat habere *scripsi* (cui non datum *Unger*) : qui non habuere *R* : quim (*suprascr.* qui quondam) habuere *A* : qui quondam habuere *U* parentes (*suprascr.* nepotes) *A* : quem par sit habere *Haupt* : qui nolit *Ribbeck* : qui mittat auere *Baehrens* : cui non placuere n. *Kroll* 362 confecta *ARU* 364 omnia *RU* querunt *ARU* : querit *ex* querunt *Helmst.* 366 ut *Ald.* 1517 : et *ARU*

esset qui generum Minoa auctoribus extis
iungere et ancipitis suaderet tollere pugnas.

At nutrix patula componens sulpura testa
narcissum casiamque herbas contundit olentis,   370
terque nouena ligans triplici diuersa colore
fila, 'ter in gremium mecum' inquit 'despue, uirgo,
despue ter uirgo : numero deus impare gaudet.'
inde Ioui magno geminans furialia sacra,
sacra nec Idaeis anubus nec cognita Grais,   375
pergit, Amyclaeo spargens altaria thallo,
regis Iolciacis animum defigere uotis.

uerum ubi nulla mouet stabilem fallacia Nisum,
nec possunt homines nec possunt flectere diui,
(tanta est in paruo fiducia crine cauendi)   380
rursus ad inceptum sociam se iungit alumnae,
purpureumque parat rursus tondere capillum,
tam longo quod iam captat succurrere amori.
non minus illa tamen Rhauci quod moenia crescant,

370 *Ecl.* 2. 11   371 *Ecl.* 8. 73

367 esset *Sillig* : et sit *R* : et (*suprascr.* ut) sint *A* : ut sint *U* : essent
Ald. 1517   minora *Neap.* : *f.* Minona   estis (*suprascr.* ut) *A*
368 suaderet *AR* : suaderent *U*   369 sulpura *scripsi* : sulphura
A   370 incendit *AU*   371 ligans *Ribbeck* : ligant *AR* : ligat
U   374 inde magno geminat ioui *AR* : hinc magno generata
Ioui *U* : inde I. geminat magno *Ald.* 1517 : hinc magico uenerata
Scaliger : inde mago geminata *Ribbeck* : inde agno uenerata Iouis
Maehly   furialia *Bothe* : frigidula *ARU* : stygialia *Scaliger* : num
Phlegethontia ? inde Ioui Stygio geminat dum frigida sacra *Ganzen-
mueller*   375 ideis *ARU* : Aeaeis *Heinsius*   anubus *Ribbeck* :
senibus *AR* : auibus *U*   376 *sic U* : perdit *RA* : tergit
Chigianus fortasse recte   amicleos pergens (*suprascr.* spargens) *A* :
amicleos pergens *R*   talo *AR*   377 defigere *U* : defugere
AR   380 cauendi *ex* cauendum *U* : *u. d. Obseruatt.* II. 323 *malebat*
parentem *uel* pauenti   381 iungit *AR* : adiungit *U*   383 cum
longe (longe *suprascr.* o *A*, longo *U*) *ARU* : tam longo *Heyne* :
tam lento *Kreunen* : *Vollmer putabat* cum longo quod . . . non minus
sic strui ut cum quod . . . tum quod   quod iam] quoniam *Iuntina*
384 Rhauci *ego et Unger, cf. Steph. Byz.* Ῥαῦκος πόλις ἐν μεσογείῳ τῆς
Κρήτης, *Inscriptio Gortynensis* (*Halbherr & Comparetti* 1889) Γορτύνιοι
Κνώσιοι Φαίστιοι Λύττιοι Ῥαύκιοι : rauci *R* : reuchi *U* : rauci (*suprascr.*
reuchi) *A*   crescant] restant *Unger* : Cressa *Schrader* : reuehi quod
moenia Rhauci gaudeat *Ribbeck*[2]

gaudeat, et cineri patria est iucunda sepulto.   385

Ergo †metu capiti Scylla est inimica paterno :
tum coma Sidonio florens deciditur ostro,
tum capitur Megara et diuum responsa probantur.
tum suspensa nouo ritu de nauibus altis
per mare caeruleum trahitur Niseia uirgo.   390
complures illam nymphae mirantur in undis,
miratur pater Oceanus et candida Tethys
et cupidas secum rapiens Galatea sorores.
illa etiam iunctis magnum quae piscibus aequor
et glauco bipedum curru metitur equorum,   395
Leucothea, paruusque dea cum matre Palaemon.
illi etiam alternas sortiti uiuere luces,
cara Iouis suboles, magnum Iouis incrementum,
Tyndaridae niueos mirantur uirginis artus.
has adeo uoces atque haec lamenta per auras   400
fluctibus in mediis questu uoluebat inani,
ad caelum infelix ardentia lumina tendens,
lumina, nam teneras arcebant uincula plantas :
'supprimite o paulum turbati flamina uenti,
dum queror et diuos, quamquam nil testibus illis   405
profeci, extrema moriens tamen alloquor hora.
uos ego, uos adeo, uenti, testabor, et aurae,

394, 5 *G.* 4. 388, 9   398 *Ecl.* 4. 49
402, 3 *Aen.* 2. 405, 6   405, 6 *Ecl.* 8. 19, 20

385 gaudebat : cineri *Bothe*   386 metu *ARU* : iterum *Heinsius* :
f. manu, *cf. Stat. Theb.* III. 566   capitis *AR* : capiti *U*   387 tum *U* :
tunc *AR*   sidonia (*suprascr.* o) *A*   deceditur *R* : decedimur (*suprascr.*
succiditur) *A* : succiditur *U*   392 Tethys *ed.* 1507 : thetis *ARU*   394
illa *AU* : illam *R teste Silligio, Heinsius*   quae *U* : quoque *AR*
395 *post hunc u. sequuntur in U* 464–531 Cypselide . . . fuisset, *dein*
396–463   396 Leucothea *R* : Leuchothea (*suprascr.* oe) *A*   397
illi *AR* : illi *ex* illa *ut uidetur U* : illam *Heinsius addito* et *ante*
niueos   alternas] *Ascensius* 'sortiti sunt alternatim uiuendo et mo-
riendo' : eternos *R* : ęthernos *A*   lucos *R* : lucos (*suprascr.*
ces) *A*   399 Tyndaride *U* : Tyndarides (Tin- *A*) *RA*   402
tollens *U*   404 turbati *AR* : turbata o *U* : turbantia *Maehly,
et sic Ascensius* 'flatus uestros nos turbantes'   405 queros *R*

uos, †to numantina† si qui de gente uenitis,
cernitis? illa ego sum cognato sanguine uobis,
Scylla (quod o salua liceat te dicere, Procne)   410
illa ego sum, Nisi pollentis filia quondam,
certatim ex omni petiit quam Graecia regno,
qua curuus terras amplectitur Hellespontus.
illa ego sum, Minos, sacrato foedere coniunx
dicta tibi: tamen haec etsi non accipis, audis.   415
uinctane tam magni tranabo gurgitis undas?
uincta tot assiduas pendebo ex ordine luces?
non equidem me alio possum contendere dignam
supplicio, quod sic patriam carosque penatis
hostibus immitique addixi ignara tyranno.   420
uerum istaec, Minos, illos scelerata putaui,
si nostra ante aliquis nudasset foedera casus,
facturos, quorum direptis moenibus urbis
o ego crudelis flamma delubra petiui.
te uero uictore prius uel sidera cursus   425
mutatura suos quam te mihi talia captae
facturum metui. iam iam scelus omnia uincit.
ten ego plus patrio dilexi perdita regno?
ten ego? nec mirum; uultu decepta puella

---

408 sic *AR* : uos o numentina *U* : uos o mantina *Chigianus* : uos
Odomantina *Ribbeck* : *num* horum antiqua? *an* Pallantina? *Apollodor.* iii.15. Πανδίονι δὲ ἐν Μεγάροις ὄντι παῖδες ἐγένοντο Αἰγεὺς Πάλλας
Νῖσος Λύκος, *cf. Schol. Hippolyti* 1200 *Excidisse uersum, qui potuit
talis esse* vos o ⟨qui ponti, colitis qui caerula caeli ; uos uos⟩
humana si qui de gente uenitis, *credidit Leo*   409 cernitis?
scripsi: uos . . . . cernitis. illa ego sum *uulg.*   410 414 *om.*
U   410 te (*suprascr.* tibi) *A* : mihi *Scaliger*   413 quam
curiuis e terris (*suprascr.* terras) *A* : quam curuus terris *R* : qua
curuus terras *codex Laeti* : *fort.* incuruans terras   *Hellespontum
pro Aegaeo uidetur posuisse, cf. Nairn in Cl. Rev.* 1899, *p.* 436   415
aspicis *Heinsius*   416 uictane *R*   419 quam quod *pro* quod sic *U*
420 adduxi (*suprascr.* addixi *A*) : aduxi *R*   ignara] ignaua *uel*
ingrata *Heinsius* : gnara *Maehly*   421 istaec *Schrader* : est h(a)ec
ARU   illo *A* : illo *R*   422 *num* aliqui?   424 flamma *RU* :
flammis *A*   426 mihi *om. R*   captae] *fort.* pactac   427 fatorum
R : fatorum ⟨*suprascr.* facturum⟩ *A*

ΑΡΡ. V.   A

CIRIS

ut uidi, ut perii, ut me malus abstulit error. 430
non equidem ex isto speraui corpore posse
tale malum nasci, formae quae sidere fallor.
me non deliciis commouit regia diues,
curalio *diues* fragili et lacrimoso electro,
me non florentes aequali corpore nymphae, 435
non metus incendens potuit retinere deorum.
omnia uicit amor : quid enim non uinceret ille?
non mihi iam pingui sudabunt tempora myrrha,
pronuba nec castos accendet pinus honores,
nec Libys Assyrio sternetur lectulus ostro. 440
magna queror : ne tu illa quidem communis alumna
omnibus iniecta, tellus, tumulabis harena.
men inter matres ancillarisque maritas,
men alias inter famularum munere fungi,
coniugis atque tuae, quaecumque erit illa, beatae 445

430 *Ecl.* 8. 41   437 *Ecl.* 10. 69

432 forma uel sydera (*suprascr.* re) fallor *A* : forma uel sydere
fallor *RU* : formae uel sidere falli *u. d. Obseruatt.* II. *p.* 323, *ut*
falli *penderet ex* speraui : formaque et sidere fallor *E. B. Greene* : forma
uel sidera fallas *Haupt* : formae leue sidere falli *ego olim*   433
deliciis *U* : delectis *R supra rasuram, ut mihi uisum est* : delectis (*suprascr.* delitiis) *A*   434 curalio *Ribbeck* : corrallo *A* :
corallo *R*   diues *addidi* : *om. ARU*   et lacrymoso (lacrimoso
R) electro *AR, sed in A* mõuit *additum est supra lineam* : et
lachrimoso mouit electro *U* : diues curalio fragili et l. electro
Ribbeck ex Ald. 1517 : curalio fr. aut e. lacrimoso *Haupt*   436 in-
cendes *R* : incendens (*suprascr.* incensam) *A* : inpendens *Leo.*   437
uicit *Helmstadtiensis* : uincit *AR*   438 mirta *R*   439 dascos
R : dascos (*suprascr.* castos) *A* : *an* faustos?   accendet *ex* accendit
A : incendit *R*   spinus *Leopardus ap. Loensem*   odores *Helmst.*
In fine uersus + additum est in R   441 magna] uana *Heinsius*
Sed recte Ganzenmueller contulit parua queror *A. A.* II. 631, *Met.*
II. 214 : parua *Housman*   nec et *R* : nec et (·*uprascr.* tu) *A* : nec
ut *U* : ne tu *ego, idque recepit Ribbeck*   alumna *ARU, quod*
retinui ut sit i. q. nutrix : alumnam *Heinsius*   442 tumulabis *scripsi* :
tumulabit *U et codex Laeti* : cumulabit *AR*   443 men *scripsi* : mene
ARU   ancillarisque *Sillig* : ancillarique *R* : ancillarumque *AU*
maritas *R* : marinas (*suprascr.* cateruas) *A*   444 *om. U* : moenalias
AR : mene alias *Aldina* 1534 : men auias *Housman* : *fort.* men famulas
445 beatae *AR* : beata (*ex* beate) *U, quod malebat Nacke Dir. p.* 407
ut multo elegantius

non licuit grauidos penso deuoluere fusos?
at belli saltem captiuam lege necasses!
iam fessae tandem fugiunt de corpore uires,
et caput inflexa lentum ceruice recumbit,
marmorea adductis liuescunt bracchia nodis.   450
aequorei pristes, immania corpora ponti,
undique conueniunt, et glauco in gurgite circum
uerbere caudarum atque oris minitantur hiatu.
iam tandem casus hominum, iam respice, Minos!
sit satis hoc, tantum Scyllam uidisse malorum.   455
uel fato fuerit nobis haec debita pestis,
uel casu incerto, merita uel denique culpa:
omnia nam potius quam te fecisse putabo.'
   Labitur interea resoluta ab litore classis,
magna repentino sinuantur lintea coro.   460
flectitur in uiridi remus sale, languida fessae
uirginis in cursu moritur querimonia longo.
deserit angustis inclusum faucibus Isthmon,
Cypselidae magni florentia regna Corinthi;
praeterit abruptas Scironis protinus arces,   465
infestumque suis dirae testudinis exit
spelaeum, multoque cruentas hospite cautes.

448 fesso *Schrader*   450 liuescunt *Heinsius et u. d. Obseruatt.* II.
p. 324: labescunt *RA*: labascunt *U*: adductisque labascunt, *ed.*
Paris. 1500: tabescunt *Schrader*   451 aequorei *AR*: aequoreae
U   pristes *Barthius* 1608: pistres *Corsinianus*: pisces *R, et suprascr.*
pestes *A*: *cf. Gronouii Obseruatt.* I. 17.   minantia *R*: immania
U: minancia (*suprascr.* inmania) *A*   453 uerbere *ed.* 1507: uerbera *ARU*   454 *ab hoc uersu incipit B(ruxellensis) saec.* xii. *Eius*
codicis ii. summo fol. 71ᵇ *praefixa sunt* ' *đ ī uirg .s. euch. de ẻ ī liḃ*
cirris. hic est' quae uerba ex scripturae compendiis obscuriora inter-
pretatus est Traube in Duemmleri Poet. Latin. aeui Carolini, III. *p.* 152
455 Scyllam *Haupt*: solam *BU*: sola *AR*   457 incerto *Scaliger*:
in cepto *B*: incepto *AU*: incoepto *R*   458 fecisse *B*: lesisse *U*:
legisse (*suprascr.* lesisse) *A*   459 resoluta *Heinsius*: reuoluta
BARU   ab *BU*: a *AR*   460 lintea *ex* littora *B*   463 desirit *B*
isthmon *BU*: istmon *A*   464 Cypselide *U*: Cypseide *R*: Cip-
seide *BA*   465 Scironis *B*: Chironis *ARU*

4*

iamque adeo tutum longe Piraeea cernit,
et notas †secum heu frustra respectat Athenas.
iam procul e fluctu Salaminia respicit arua   470
florentisque uidet iam Cycladas : hinc †uenus illi
†sinius, hinc statio contra patet Hermionea.
linquitur ante alias longe gratissima Delos
Nereidum matri et Neptuno Aegaeo.
prospicit incinctam spumanti litore Cythnum,   475
marmoreamque Paron, uiridemque adlapsa Donysam,
†Aeginamque simul †salutiferamque Seriphum.
fertur et incertis iactatur ad omnia uentis,
cumba uelut, magnas sequitur cum paruula classis,
Afer et hiberno bacchatur in aequore turbo.   480
donec tale decus formae uexarier undis

474 *Aen.* 3. 74   476 *Aen.* 3. 125, 6

468 pireia *ex* pier ida *B*: pirreia *AR*   469 secum heu *ARU* : eheu *B*
Athenas *B* : harenas *AR* : et notas aequi heu f. r. Ath. *Unger*   470
salaminia *ex* salamina *B* : -s alia minos *R* : Salaminos *Sillig*   respicit
BA : aspicit *R* : *num* prospicit ?   471 uenus illi (*suprascr.* strophadasque) *A* : Ceus *Heyne* : sinus *Haupt* : uetus *Hertzberg* : Venus
Leo tamquam respexerit τὴν Κωλιάδα : *fort.* genus *quo uocabulo
Herodoteum illud* IV. 99 τὸν γουνὸν τὸν Σουνιακόν *significari potuit,
ut* γουνόν *genu interpretatus sit, ad prominentiam referens Attici litoris.*
genus *masculini generis usurpatum a Lucilio testatur Nonius* 207
472 sinius *B* : summus *R* : hinc summus (*suprascr.* sinus) *A, sed* hinc *et*
sinus *posterius uidentur accessisse* : Sunion *Heyne* : Sunius *Haupt* :
Sunias *Leo*   petet (*suprasc.* patet) *A, sed* petet *in* patet *mutato* :
petit *R*   her/monea *B* : hermiona *ARU*   474 agço *B*
475 Cythnum *Loensis* VIII. 26 : cyntum *AR* : cinthum *B*   476
uiridimque (c *suprascr.*) *B*   adlapsa *BU* : allapsa *A*   donisam *BU* : donissam *AR*   477 Aeginam *BARU* : Aegylam *Lucas
Holstenius ad Steph. B. p.* 102 *contra metrum* : Aegiliam *Heyne,
Steph. B. s. u.* Αἰγιλία· ἐστὶ καὶ νῆσος μεταξὺ Κρήτης καὶ Πελοποννήσου
Αἰγιάλεια (Αἴγιλα *Meineke*)   Aegiliam (*uel* Aegialen) Sicinonque *H. F.
Tozer*   salutiferamque *BR* : salutiferamque (*suprasc.* sementiferamque) *A* : sementiferamque *U* : serpentiferamque *Scaliger* : serpulliferamque *Schenkl* : sarmentiferamque *R. C. Jebb* : *fort.* saliunciferamque
Seriphum *BU* . Seri(y *R*)phon *AR*   478 ad omnia : *de hac locutione
disseruit Leo ad Cul.* 168   479 cumba *B* : cimba *AR*   480 Affer *BA*
481 uexarier *B* : uexauit et *AR*   undis *B* : aegros *R* : egros *A* :
aegram *U* : Aegon (*h. e. deus Aegaei maris*) *Hertzberg, cf. Val. Fl.* I.

non tulit ac miseros mutauit uirginis artus
caeruleo pollens coniunx Neptunia regno.

sed tamen aeternum squamis uestire puellam
infidosque inter teneram committere pisces   485
non statuit (nimium est auidum pecus Amphitrites):
aeriis potius sublimem sustulit alis,
esset ut in terris facti de nomine Ciris,
Ciris Amyclaeo formosior ansere Ledae.

hic uelut in niueo tenera est cum primitus ouo   490
effigies animantis et internodia membris
imperfecta nouo fluitant concreta calore,
sic liquido Scyllae circumfusum aequore corpus
semiferi incertis etiam nunc partibus artus
undique mutabant atque undique mutabantur.   495

oris honos primum et multis optata labella
et patulae frontis species concrescere in unum
coepere et gracili mentum producere rostro.

tum qua se medium capitis discrimen agebat,
ecce repente uelut patrios imitatus honores   500
puniceam concussit apex in uertice cristam,
at mollis uarios intexens pluma colores
marmoreum uolucri uestiuit tegmine corpus,
lentaque perpetuas fuderunt bracchia pennas.

629, IV. 715. *Stat. Theb.* V. 56, 88 : auris *Baehrens* : euro *Bury* : *credo
latere glossam Anglicam* ēgor, ēogor, *quod est genus fluctus* (*A. S.
Napier*, *Old English Glosses, Oxford*, 1900)   484 aeternum *Kreunen* :
alternat *Leo* : eternam *B* : externam *AR* : *num* hesternam ? *h. e. quae heri
puella fuit*   sqamis *B, sed* q *et* m *super rasuram* : squammis *R*   485
tenerā *ex* teneras *B*   486 nimium *ex* minimum *B*   490 tenere *B* :
tener est *AR* : tenera est *Haupt* : *fort.* teneraest   primitus (*suprascr.*
protinus) *A*   491 animantur *B*   492 imperfecta *ARU*
inperfecta *B*   493 liquido cille *B* : liquidos scille (syllę *R*) *AR*
494 partibus *BARU*   495 mutabantur *pr. B, nunc habet* muta-
buntur : mutabatur *U*   496 et *om. U*   multi *B*   498 *rasura
prius fuerat ubi nunc est* rostro *in B*   499 quasi *B*   500 uelud
B   imitatur *U*   501 purpuream *U* : puniceam (*suprascr.* purpuream) *A*   502 mollis (*suprascr.* membris) *A* : membris *U et sic* 'ex
V. E.' *Barthius ed.* 1608   503 mansurum *U*: marmoreum (*suprascr.*
mansurum) *A*   tecmine *B*   504 funderunt *BR*   pinnas *B*

CIRIS

inde alias partes minioque infecta rubenti   505
crura nouam maciesque obduxit squalida pellem,
et pedibus teneris unguis adfixit acutos.

et tamen hoc demum miserae succurrere pacto
uix fuerat placida Neptuni coniuge dignum.

numquam illam post haec oculi uidere suorum   510
purpureas flauo retinentem uertice uittas,
non thalamus Syrio fraglans accepit amomo,
nullae illam sedes: quid enim cum sedibus illi?

quae simul ut sese cano de gurgite uelox
cum sonitu ad caelum stridentibus extulit alis   515
et multum late dispersit in aequora rorem,
infelix uirgo nequiquam *a* morte recepta
incultum solis in rupibus exigit aeuum,
rupibus et scopulis et litoribus desertis.

nec tamen hoc ipsum poena sine: namque deum rex   520
omnia qui imperio terrarum milia uersat,
commotus talem ad superos uolitare puellam,
cum pater exstinctus caeca sub nocte lateret,
illi pro pietate sua (nam saepe uigentum

---

506 *sic scripsi*: nouamque (nouatique *R*) aciem *ARU*: nouamque
acies *B*: noua macies o. s. pelli *Pithoeus in marg. Epigrammatiorum,
probatus a Lachmanno Lucr. p.* 425: noua macies o. s. pellem *Sillig*
pellem *BRU*: pellem (*suprascr.* lis) *A*   508 at *Loensis* VIII. 26
miserere *A*   sucurrere *B*   509 placide *AR*   510 illum *B*
posthac *U*: posthec (*suprascr.* a) *A*   511 flauo *B et ed. Colon.*
1545: saluo *ARU Sillig*   renitentem *B*   512 tirio *B*: tyrio
ARU: Syrio *Ascensius ex Ecl.* iv. 25   fraglans *scripsi*: flagrans
BAR: fragrans *U*   513 illam *ex* illum *B*   cum *Heinsius*: iam
BARU   illi *B et sic ex coni. Heinsius*: illis *AR*: *fort.* quid iam cum
s. illi?   517 nequiquam *B solus*   a *add. Ald.* 1534. 'It seems
to mean a morte seruata, *and perhaps it should be* a morte recepta' *u. d.
Obseru.* II. 324: '*aut* morte recepta . i . suscepta' *Ascensius*   520
ipsum *marg. B, Loensis* VIII. 26: iterum *BARU quod retinebat Vollmer,
cum uel post metamorphosin a patre haliaeto ciris iterum urgeatur*
pēna *A*   521 *spurium habebat Heyne*   stellarum *Baehrens*
terrarum milia multa *Lucretium dixisse* IV. 412 *monuit Schenkl*   522
tamen *Corsinianus*   superos *ARU et marg. B*: celum *B*   523 *fort.*
iaceret   524 uigentum *scripsi*: uidemus *BARU*: nitentum *ed.* 1507

sanguine taurorum supplex resperserat aras,   525
saepe deum largo decorarat munere sedes)
reddidit optatam mutato corpore uitam,
fecitque in terris haliaetos ales ut esset:
quippe aquilis semper gaudet deus ille coruscis.
huic uero miserae, quoniam damnata deorum   530
iudicio †natique et coniugis ante fuisset,
infesti apposuit odium crudele parentis.

namque ut in aetherio signorum munere praestans,
unum quem duplici stellarum sidere uidi,
Scorpios alternis clarum fugat Oriona;   535
sic inter sese tristis haliaetos iras
et ciris memori seruant ad saecula fato.

quacumque illa leuem fugiens secat aethera pennis,
ecce inimicus atrox magno stridore per auras
insequitur Nisus; qua se fert Nisus ad auras,   540
illa leuem fugiens raptim secat aethera pennis.

538-41 G. i. 406-9

525 respexerat B   aras R: auras B: auras (*suprascr.* aras) A
526 largo decorarat B: longo decorauit AR   sedes *corr. ex* sedem
A   528 haliaetos *scripsi*: halietos BU   529 aliis *marg.* aquilis
B: aliquis (*suprascr.* aquilis) A   choruscis B: corusc(ch A)us
ARU   530 uero B: ero R: ero (*suprascr.* uero) A   damnata B:
iam nacta R: iam nacta (*suprascr.* nata) A   531 iuidicio B:
iudicio RU: inditio A   nāq; *marg.* natique B: natique ARU *quod
retinebat Vollmer, ut de Minoe dictum*: patrisque *Heyne*: patriaeque
Sillig: fatique *E. B. Greene*: pactique *ego*: pactique ea *Housman*
532 apposuit *Sillig*: apposuitque BARU   *Hunc u. respexisse credo
scriptorem libelli de nominibus utensilium* (*Bodl. cod. Rawlinson G.* 99,
p. 4) 'nisus alietus cirri prepeti infestus'   533 iamque (*suprascr.*
namque) A: iamque U   ut in B: utinam ARU   munere BARU:
lumine *Schrader*: limite *Housman*   534 stellatum *Iuntina*   sydere
R: munere AU: inuere *potius* B   535 Scorpios B: Scorpius
ARU   fugant AR   536 se////// se B *eraso uocabulo quod
legere non potui*   alietos B: aliethos A   in *ante* iras *add.* ARU,
non B   537 ciris B: cyricis R: ciricis (*suprascr.* ciris) A   sedula
R *et* A *m. pr.*   facto AR   538 aera AR   540 uisus *prius* B
541 aera AR

        P. VIRGILII MARONIS CYRIS FINIT :—*caeruleis litteris* R, *nulla sub-
scriptio in* BAU

MORETVM

SIGLA CODICVM

$\begin{cases} B = \text{Bembinus, Vat. 3252} \\ F = \text{Bodl. Auct. F. 1. 17} \end{cases}$ saec. ix $\Big\}$
                                                                    xiv

E = Paris. 8093 ad meos usus collatus ab H. Omont	xi
M = Mellicensis collatus a Carolo Schenkl	x–xi
S = Stabulense fragmentum, Paris. 17,177 fol. 103[a] et [b]	xi
P = Paris. 16236	xi
V = Vat. 2759	xiii
$\begin{cases} G = \text{Paris. 8207} \\ \Gamma = \text{Harl. 2534} \end{cases}$	xiii $\big\}$
d = Bodl. Digb. 100	xiv
c = Bodl. Add. A. 163	xv
h = Harl. 2695	xv
$Cat.$ = Catanensis	xv

Interdum adhibui Traguriensem (nunc Paris. 7989) et in nonnullis locis Telleriano-Remensem (Paris. 7936) saec. xiii–xiv unde quaedam excerpta misit ad me H. Omont. Est ubi et alios citaui, Ribbeckii Monacenses et Vindobonensem I, Bodl. Canon. Misc. 41, Canon. Lat. 55, Musei Britannici Harl. 2701, Burneianum 272, Add. 16562.

IAM nox hibernas bis quinque peregerat horas
excubitorque diem cantu praedixerat ales,
Simylus exigui cultor cum rusticus agri,
tristia uenturae metuens ieiunia lucis,
membra leuat uili sensim demissa grabato   5
sollicitaque manu tenebras explorat inertis
uestigatque focum, laesus quem denique sensit.
paruulus exusto remanebat stipite fumus
et cinis obductae celabat lumina prunae.
admouet his pronam summissa fronte lucernam   10
et producit acu stuppas umore carentis,
excitat et crebris languentem flatibus ignem.
tandem concepto, sed uix, fulgore recedit,
oppositaque manu lumen defendit ab aura,

PUBLII UIRGILII MARONIS EGLOGA DE ROSIS FINIT EIUSDEM MARONIS
MORETUM FELICIT INCĪP *B*   INCIPIT VIRGILII MARONIS MORETVM *S*
VIRGILII MARONIS MORETVM INCIPIT *MP*   P. Virgilii Maronis Moreti
carmen incipit fauste *Cat.*

2 prędixeraṇt *B*   3 Symilus *BE* : Similus *MPS* : Simulus *G*
Cat.   5 uili sensim *BMPS* : sensim uili *Cat.*   demissa *M*
m. sec. e *super* i *scripta* : dimissa *BFPSE*   grabatto *BMPS*
6 inertis *BF Cat.* : inertes *MPS*   7 focom *P*   l(a)esus qui d.
BFSE d : quem d. *Vh Trag.* : quem lesus d. *PG*   sentit *Trag. G*
                                                            us
8 exhausto Γ   fomes *Scaliger, quod recepit Ribbeck*   10 admouet *B,*
sed u *super rasuram*   summissa *BMPS* : submissa *G*   fronte *om.*
S   11 stupas *BEFG*Γ   umore *P* : humore *BFMSE et plerique*
carentis *Cat. Trag.* : carentes *BEMPS*Γ*G*   12 *uocabuli* languentem
                                            e
litteras unte *in rasura habet M .*   13 sed uix *Buecheler* : sed
lux *BFMPSEG*Γ *Tell. d*   tenebrae . . . recedunt *Trag. V et
corr. B*   fulcore *B¹E*   recedere *E*   se lux f. recepit *Scaliger*

et reserat plausa quae pervidet ostia claui.　　　　　　15
fusus erat terra frumenti pauper aceruus :
hinc sibi depromit, quantum mensura patebat,
quae bis in octonas excurrit pondere libras.

　Inde abit adsistitque molae parvaque tabella,
quam fixam paries illos seruabat in usus,　　　　　　20
lumina fida locat. geminos tum ueste lacertos
liberat et cinctus uillosae tegmine caprae
peruerrit cauda silices gremiumque molarum.
aduocat inde manus operi, partitus utrimque :
laeua ministerio, dextra est intenta labori.　　　　　25
haec rotat assiduum gyris et concitat orbem,
tunsa Ceres silicum rapido decurrit ab ictu.
interdum fessae succedit laeua sorori
alternatque vices. modo rustica carmina cantat
agrestique suum solatur uoce laborem,　　　　　　30
interdum clamat Scybalen. erat unica custos,
Afra genus, tota patriam testante figura,
torta comam labroque tumens et fusca colore,

---

15 clausae (claue *G* : clausa *Tell. Trag. Cat. h* : camere *d*) quae (qua
P : quae *B*) peruidet (praeuidet *Tell. cdh*) ostia (hostia *Tell. VG*Γ
Cat. d) clauis (claui *Trag.* clausis *marg.*, clauis *Tell.*) *codd.* plausa
scripsi, h. e. cum sonitu immissa. Pro clausae *coni.* casulae
Scaliger : cellae *Barthius* : caute *Wakefield* : clausum *Baehrens* :
clausam *Ribbeck* 16 terras *S* : terre *G* : terre uel terra Γ 17 pete-
bat *MP* : paetebat *E* 18 quae *B* bifido octonas (octenas *P*) *P et*
M m. pr. sed m. sec. ido *erasit et in supra scripsit* octanas (o
suprascr.) *F* occurrit *Cat.* : exiret *h* 19 ads. *BS* : ass. *M*Γ*G*
Cat. habit adstititque *P* 20 fixam *om. Cat.* 21 fida] sida *B*
tunc *codd.* : tum *Sillig* 22 tergore *MPG* 23 peruerrit
EMPS : per uerrit *B* : preuerrit Γ*h Ribb.* : preuertit *G Tell* gremiumque molarum *BFMPSEG* : geminumque molarem *Tell. et sic coni.*
Heyne 24 ad uocat *B* partus *S* utrimque *BEF Ribb.* :
utrique *MPV* : utramque *d* : utraque Γ*G* : utrumque *Cat. Trag. sed*
'*melius* utrasque' *marg. Trag.* *om. S* 26 haec *B* ads.
BSE : ass. *MP*Γ*G* : assiduis *Trag. Cat.* 27 tunsa *MG* : tonsa
*BFSE*Γ : tusa *P* : trita *Trag. Cat.* 28, 31 inter dum *B* laua
B m. pr. : leua *corr. B* 29 cantant (t *suprascr.*) *B* 31
scybalen *BPSE* : scibalen *F* : cybelen Γ *m. pr.* : cybalen *corr.*
Γ*G* 32 patrium tota *P* : patriam tota *M* 33 calore *BE*[1]

pectore lata, iacens mammis, compressior aluo,
cruribus exilis, spatiosa prodiga planta.   35
[continuis rimis calcanea scissa rigebant.]
hanc vocat atque arsura focis imponere ligna
imperat et flamma gelidos adolere liquores.

  Postquam impleuit opus iustum uersatile finem,
transfert inde manu fusas in cribra farinas   40
et quatit, ac remanent summo purgamina dorso.
subsidit sincera foraminibusque liquatur
emundata Ceres. leui tum protinus illam
componit tabula, tepidas super ingerit undas,
contrahit admixtas nunc frondes atque farinas :   45
transuersat durata manu, liquidoque coacto
interdum grumos spargit sale, iamque subactum

34 pectore *MG* : pectora *BPSE Cat.*   conplessior *h*   35
exiliis *S, et M m. pr., ut uidetur, nunc habet* exilis   prodiga
PSG : prodigia *BEF* : prodigia Γ : prodig/a *V qui uersum om.
in textu, habet infra adiectum*   plantae (e *h) M m. sec. et h,
in quo etiam* spatiose.   *Post* 35 *sequitur in Vch Traguriensi, non item
in Telleriano,* continuis rimis calcanea scissa (fissa *h*) rigebant, *quem u.
tuitus est Hertzberg, plerique interpolatum credunt.   In B eundem
manus recentior multis saeculis post exaratum codicem intulit, sed ut
scriberet* scalcanea   37 imp. *BMG* : inp. *S*   38 imperat
BMSP   adolere] bullire *Ribbeckii Monacenses tres et Vindobonensis I*
39 opus *om. BFSE*   iusto . . . fine *MP*   sed p. i. iustum opus u.
finem *V, ut* sed *extra lineam esset*   40 transfert *MPVΓG* : transferat
BFSE : transserit *d*   inde] illa *P,* in *Cat.*   manus *Cat.* ΓG
tusas *Sillig*   41 ac *SGd* : hanc *B* : hac *M m. pr., post* ac : haec *P* :
et *Cat. c*   42 *hunc u. respexit scriptor de nominibus utensilium in
cod. Bodl. Rawl. G.* 99, *p.* 16. ' Postmodum a mola granum constringi et
dissolui et sinceratum foraminibus cribri eliquari.'   sub sidit *B* : sub-
sedit ΓG   sincere *BEFG et corr.* Γ : scincere *d*   43 emundata
PGd Trag. : emundata *suprascript. m. pr.* † men *M* : emendata *BEFS,
et pr.* Γ, *sed corr.* et mundata   tunc Γ *Cat.*   illam *G* : illa *BFPSEM*Γ
                    o
44 comp nit *B*   45 *om.* Γ*d*   admixtas *BFMPSVE* : ad-
mix(s *Cat.*)tos *G Cat.*   nunc *BFMPSGE* : tum *V Trag.*   fontes
MG Trag. : fontetes *Cat* : frondes *BFVPSE*   admixta nuce fontes
a. f. *Baehrens, quod recepit Ribb. ego* frondes *retinui, puta lauri uel
similium quae farinae admiscerentur quo gratior sapor euaderet*   46
trans uersat *B*   duratque *Heinsius*   manus *Cat.*   coacta *S* :
post coacto *interpungebat Buecheler*   47 grumos *BFSEG*Γ : gremio
MP : grumo *Cat. Trag. et sic Parrhasius*   sub actum *B*

leuat opus, palmisque suum dilatat in orbem,
et notat impressis aequo discrimine quadris.
infert inde foco (Scybale mundauerat aptum   50
ante locum) testisque tegit, super aggerat ignis.
dumque suas peragit Vulcanus Vestaque partes,
Simylus interea uacua non cessat in hora,
uerum aliam sibi quaerit opem, neu sola palato
sit non grata Ceres, quas iungat comparat escas.   55
non illi suspensa focum carnaria iuxta,
durati sale terga suis truncique, vacabant,
traiectus medium sparto sed caseus orbem
et uetus astricti fascis pendebat anethi.
ergo aliam molitur opem sibi prouidus heros.   60

  Hortus erat iunctus casulae, quem uimina pauca
et calamo rediuiua leui munibat harundo,
exiguus spatio, uariis sed fertilis herbis.
nil illi derat quod pauperis exigit usus ;
interdum locuples a paupere plura petebat.   65
nec sumptus erat illud opus, sed recula curae :

48 Mico Prosodia s. u. DILATO (116 Traube, *Poet. Latin. aeui Carolini,*
III. *p.* 284)

48 opus] corpus *P*   dilatit *M*   49 inpressis *BMPSE*
50 infret *S*   foco Scybale *M* : focos cybale *BG* : *uerba post*
focos *om. S*   mundeuerat *P*   51 testis quae *B*   ignem
G   52 peragit uel peragunt Γ : peragunt *G*   uastaque *P*   partis
F Cat. Trag.   53 Symilus *B* : Similus *MEPG* : Simulus
*F*Γ *Cat.*   56 carnalia *pr. M*   57 uocabant *pr. Cat*
58 sparto] parco *G*Γ : sparco *Cat.*   59 astricti *MFG Cat.* : asticti
Γ   pendebat fassis *Cat.*   aneti *MP Cat.* Γ   60 aeris *B*
(*quod recentior manus in* heros *refinxit*) *SE* : eris *F*Γ, *et suprascr.* o, *V* :
aeros *P* : heros *MG Trag. Cat.* : eros *d* : *disseruit de hoc loco Henry
Aeneideorum* I. 491 : herbis *Ribb.*   u. *spurium rati sunt Ribbeck et
Karsten*   61 casulae *B*   62 culmo *Heyne*   redimita *VBG*Γ
Cat. Trag. d : rediuiua *MPEFSh* : *in G supra* redimita *scriptum est*
i. iterum et iterum uiuentia, *unde uidentur antiquitus confusae lectiones*
redimita rediuiua *et interdum in eodem utraeque codice exaratae fuisse*
harundo *BFPSGM* : arundo *d*   64 derat *BEP* : deret *F*
usus] edsus *pr. Monacensis* 21562 : *num* esus?   65 plura]
multa *Cat. Vd Trag.*   66 nec sumptus erat ullus (ullius *M,*
huius (*suprascr.* illud) *Canon. Misc.* 41, illud *Trag. Harl.* 2701 *saec.*

si quando uacuum casula pluuiaeue tenebant
festaue lux, si forte labor cessabat aratri,
horti opus illud erat. uarias disponere plantas
norat et occultae committere semina terrae   70
uicinosque apte circa summittere riuos.
hic holus, hic late fundentes bracchia betae
fecundusque rumex maluaeque inulaeque uirebant,
hic siser et nomen capiti debentia porra,
[hic etiam nocuum capiti gelidumque papauer,]   75
grataque nobilium requies lactuca ciborum,
. . . . . . crescitque in acumina radix,
et grauis in latum demissa cucurbita uentrem.
uerum hic non domini (quis enim contractior illo ?)
sed populi prouentus erat, nonisque diebus   80

xv) opus sed regula curae (curtae *Cat.*) *codd.* : erat *om. Vindobonensis I Ribbeckii saec. XI et Burneianus 272, ubi* ullius : n. s. erat
ullius *Machly, quo recepto Ribbeck* recula *scripsit probante Buechelero*
honos *Buecheler*   67 casule *c* : pluuieue (*suprascr.* que) Γ : pluuięue
BES : pluuiaeque *MPG*   68 festaue lux *SBF*Γ : festauel *P* : festa uel
corr. uelox *M* : festaue si *om.* lux *G*   cessabat *ex* cessabit *M* : *h. e.*
cessauit   71 uicinos *M m. pr.*, que *post additum*   apte cura *B
FMPSEcd* : arte (*suprascr.* apte) cura *Cat.* : curaţ Γ : curat *Gh* : curans
Sillig : apta cura *Haupt* : circa *Buecheler*   summittere *BMPS* :
subm. GΓ   riuos *super rasuram P*   72 olus *BEG* : locus uel olus *M* :
colus *S* : locus *P* : holus Γ*F Cat.*   fundantes *S*   betae *om. S* : blite
Trag.   73 fecundus (*om.* que) *G*   runex Γ *nondum correctus* :
runt ex *S*   maluaeque *MP* : que *om. BESFG*Γ : inulęque *BSF* :
ini(u *m²*)lęque *M* : milaeque *P* : maluae uiolaeque *Cat.* GΓ   rubebant
(*suprascr.* uire) Γ   74 cşicer Γ : siser *PMSE* : sesir *B* : cicer *G Cat.
Trag.* : siler *F Tell.*   debentia *ex* tepentia *M* : tepentia *P Post* 74
habent ch Traguriensis et Mus. Brit. 16562 hic etiam nocuum capiti
gelidumque papauer, *qui uersus abest ab omnibus antiquissimis*   76
raequies Γ   77 *om.* GΓ*d Tell.*   quae crescit inacumine radit *BEF* :
crescitque in acumina radix *MP* : *C tantum in principio uersus omissis
ceteris S. In c haec legi sed ex parte euanida* Pl ima que sic ibi surgitque in acumina radix : *num* plurimaque exit ibi surgitque i. a. r.?
Cat. Trag. et marg. B habent plurima crescit ibi surgitque i. a. r. *quod
uix potest uerum esse. Trag. uersus sic ordinat* hic olus . . . fecundusque . . . plurima . . . hic cicer . . . hic etiam nocuum   78 demissa
Γ *Trag.* : dimissa *BFMPSEG* : *fortasse inuertendi erant* 77, 78
                                                          7
79 quiş enim *B* (*sic*)   est *post* iiio *add. Cat. Trag.*   80 profectus
(*suprascr. m. pr.* ł uen, *M* : profectus *P et Burn.* 272   notisque

uenalis umero fascis portabat in urbem :
inde domum cervice leuis, grauis aere redibat,
uix umquam urbani comitatus merce macelli.
caepa rubens sectique famem domat area porri,
quaeque trahunt acri uultus nasturtia morsu,   85
intibaque et Venerem reuocans eruca morantem.
   Tunc quoque tale aliquid meditans intrauerat hortum.
ac primum leuiter digitis tellure refossa
quattuor educit cum spissis alia fibris ;
inde comas apii gracilis rutamque rigentem   90
uellit et exiguo coriandra trementia filo.
haec ubi collegit, †laetum† consedit ad ignem
et clara famulam poscit mortaria uoce.
singula tum capitum nodoso †corpore† nudat

BFMPEVΓ *Cat. Trag. m. pr., cd* : noctisque *S et corr. Trag.* : natis-
que *G* : nonisque *Pithoeus ex Varr. R. R.* II. i. 1 ' annum ita diuise-
runt ut nonis modo diebus urbanas res usurparent, reliquis septem ut
rura colerent '   81 uenales ////// fasces portabat in urbem *B sed
ut erasi uocabuli spatio recentior manus inderet* holerum : uenales
(h)umero *FMΓGS* : uenales olerum (olorum *c*) *hc*   82 inde domum
/////// leuis ///// redibat *B sed ut priore spatio* ceruice, *posteriore*
grauis   *recentior manus insereret, cf. Ecl.* I. 35, *Colum.* X. 310   83
comitatus (-tatas *S*, -tur *F*) merce *BEFSG Trag.* : uacuus mercede
(*suprascr. m. sec.* comitatus *et de eraso*) *M* : uacua mercede *P*   84
caepa *B* : caepa *MPSE*   areaporri (*sic*) *B*   85 nasturcia *BEΓF*
86 erunca *S*   87 tunc quoque *BMPEG* : tunquoque *S* : nunc
quoque *F*   meditaris (*suprascr. m. pr.* n) *M*   88 hac *BSE*
tellura refusa *P* : refusa, *post* refo sa *M*   89 cum spic(ç *S*,-cit *F*)
BFVSEcd : cum spissis (-sit *P*) *MPGΓ* : *et hic quidem suprascr.*
† spicis ·i· spiceis *Columella* XI. 3. 20 'habet (ulpicum) uelut alium
plures cohaerentes spicas.' 21 'cum ternas fibras emiserunt spicae.'
Cato R. R. 70 'ulpici spicas III, alii spicas III'   alia *S* : alea
P : allia *BVEM*   90 grandes *S, quo inducto eadem manus
in marg. scripsit* graciles   rigentem *BPSEFc* : regentem *M* :
uirentem *Cat.* GΓd *Trag.*   91 uellet (*suprascr.* i) *B* : uellet *F et E
m. pr.*   filio *B*   92 laetum *uel* letum (loetum *P*) *codd.* : lentum *h
quod et coni. Heinsius* : letus *d*   94 sigula (*suprascr.* n) *B*
nodosa *F*   corpore *BFMPSEcdG* : cortice *h* : cortice (*suprascr.*
uer) *Canon. Misc.* 41 : uertice *Trag.*

et summis spoliat coriis contemptaque passim   95
spargit humi atque abicit. servatum gramine bulbum
tingit aqua lapidisque cauum dimittit in orbem.
his salis inspargit micas, sale durus adesso
caseus adicitur, dictas super interit herbas,
et laeua uestem saetosa sub inguina fulcit.   100
dextera pistillo primum fraglantia mollit
alia, tum pariter mixto terit omnia suco.
it manus in gyrum : paulatim singula uiris
deperdunt proprias, color est e pluribus unus,
nec totus uiridis, quia lactea frusta repugnant,   105
nec de lacte nitens, quia tot uariatur ab herbis.
saepe uiri naris acer iaculatur apertas
spiritus et simo damnat sua prandia uultu,
saepe manu summa lacrimantia lumina terget
immeritoque furens dicit conuicia fumo.   110
procedebat opus : non iam salebrosus, ut ante,
sed grauior lentos ibat pistillus in orbis.
ergo Palladii guttas instillat oliui
exiguique super uiris infundit aceti,
atque iterum commiscet opus mixtumque retractat.   115

95 coreis *BPE*   96 abicit (*suprascr.* atque adicit) *Canon. Misc.* 41 : adicit *BFEPSGΓcd Trag.* : addicit *V* : adiecit (ec *m.'secunda*) *M* : om. *h*   servatum gramine *codd.* : in germine *Schrader* : *num* in germina ? bullum *Γd* : dulbum *c*   97 tinguit *BFMPSE*   caui *G*   dimittit *BFMSEPG Trag.* : demittit *Can. Lat.* 55, saec. xiv   98 inspargit *BSE* : inspergit *MPFΓG*   durus *ex* durius *M*   adesso *scripsi* : adesto *E* : adheso *VΓ* : abheso *d* : *num* adhaeso ? *sic* cohaesus, adhaese *ap. Gell.* XV. 16. 4, V. 9 *fin.*   99 adiicitur *BM* : adicitur *PGΓ* : addicitur *FV*   interit *scripsi* : *cf. Ter. Phorm.* II. 2. 4 *ibique Donatum*   inserit *BFVPSEΓGh* : ingerit *ex* inserit *M*   100 uestem] testam *Karsten*   setosa *BMΓG*   sub] subi *P*   inguine *pr. S et E, non B*   101 fraglantia *M* : fragrancia (-tia *Trag.*) *Cat. Trag.* : flagrant(c *ΓG*)ia *BEFPSΓdG*   105 frustra *BPG Cat. Trag. et E m. pr.*   106 que tot *d* : tot *om. F*   uariantur *Γ*   108 simio *M* 109 terget *BFPSEΓV* : tergit *Trag. G*   110 imm. *BM* : inm. *PS*   conuitia *MSF*   111 non *BSE* : nec *MP Cat. Trag. Burn.* 272   tam *Γ*   112 grauiter *Cat. Trag.*   lentos *MGΓd* : lentus *BFSE Cat. Trag.* : sed grauiolentus *P*   115 recuruat *Cat. Trag. et Can. Lat.* 55 : *num* recurat ?

tum demum digitis mortaria tota duobus
circuit inque globum distantia contrahit unum,
constet ut effecti species nomenque moreti.
eruit interea Scybale quoque sedula panem :
quem tertis recipit manibus, pulsoque timore   120
iam famis, inque diem securus Simylus illam,
ambit crura ocreis paribus, tectusque galero
sub iuga parentis cogit lorata iuvencos,
atque agit in segetes et terrae condit aratrum.

117 circumit *B et E*[1] : circummit *P* : circumet *pr. S* : circuit *EMGΓ*
Trag.   tinque *P*   conthrahit *B*   119 scybale *MP* : sci-
bale *S* : cybale *BEG*   120 tertis *scripsi* : tercis *c* : tutus *d* : retus
BE : retur *F* : l(a)etus *MGS* : loetus *P* : letis *Γ* : lotis *Cat. Trag.* :
rectis *W. Wagner, tamquam porrectis ; melius interpreteris in rectum*
uel rectam superficiem passis   121 in famis *BFS*   symilus

BMPSE : simulus *FΓ Cat. Trag.* : similus *G*   124 ait *B*, g *recen-*
tius addita : ait *F. Post* 124 *scriptos habet iterum sed inuerso ordine*
124, 123 *M*

SEPTEM IOCA IVVENALIA VIRGILII FINIVNT *B* : FINIT MORETVM VIRḠ
MARON̄ *S* : P. VIRGILI MARON MORETVM FINIT *P*.   MORETVM FINIT
litteris miniatis E.   Versus centum xxiiii[or] Moreti liber Virgilii pueri
explicit *Trag.* : Explicit moretum Virgilii quod dicitur constare ex
tribus libellis extra uolumen magni Virgilii *c* : Publii Virgili Maronis
Moretum explicit Septem iuga iuuenalia publii uirgilii maronis expliciunt *F*

DIRAE
(LYDIA)

SIGLA CODICVM

$\begin{cases} B = \text{Bembinus Vat. 3252} \\ F = \text{Bodl. Auct. F. 1. 17} \end{cases}$ saec. ix $\Big\}$
                                                               xiv

P = Paris. 7927   x

E = Paris. 8093   x

Π = consensus codicum P et E. P totum carmen
      habet, E omnia a u. 33

S = Stabulense fragm. Paris. 17177 in quo legi
      possunt 46-90, 91-fin. ex parte tantum   xi

M = Mellicensis. Habet Dir. 1-44, Lyd. 20-fin.   xi

T = Tegernseensis Naekii, nunc Monacensis 18059   xi

v = Vat. 3269. Habet Diras et Lyd. 1-22   xv

h = Harl. 3963 (Anglicanus Naekii)   xv

b = Mus. Brit. 16562   scriptus anno 1400

Est ubi et alios citaui, Paris. 8069 (saec. x–xi), Treuirensem
siue Augustanum Naekii, eiusdem fere aetatis ; Monacensem
21562, Mediolanensem O. 74 sup., Bodl. Can. Lat. 27, saec. xv.

BATTARE, cycneas repetamus carmine uoces,
diuisas iterum sedes et rura canamus,
rura quibus diras indiximus, impia uota.
ante lupos rapient haedi, uituli ante leones,
delphini fugient piscis, aquilae ante columbas,   5
et conuersa retro rerum discordia gliscet,
muta prius fiet, quam non mea libera auena.
montibus et siluis dicam tua facta, Lycurge,
impia. Trinacriae sterilescant gaudia uobis,
nec fecunda seni, nostris felicia rura,   10
semina parturiant segetes, non pascua colles,
non arbusta nouas fruges, non pampinus uuas,
ipsae non siluae frondes, non flumina montes.
    Rursus et hoc iterum repetamus, Battare, carmen.

LIBELLVS QVI NOMINATVR CVLEX PVBLII VIRGILII FINIT DIRE EIVSDEM
INCIPIVNT *B, et sic E nisi quod in hoc est* CVLEX VIRGŁ MAROÑ. *et
post* EIVSDEM *additum est* MARONIS   INCIPIVNT DIRE MARONIS *M
in v praescriptum est carmini* Bactare cygneas tibi dixit carmine
uoces Cum pater (*f.* puer) in primo luserit ore maro ¡Hoc alit¿ diras
confertur bactare carmen (*f.* Huc aliud diris c. b. c.) *et in paginae
margine dextro, transuersa linea,* Epigrama uirgilii po. in libello ad
bactarum

1 Battare *B* : Batire *T* : Bactare *Fvb* : B *initiali magna BF*
2 diuersas *vb*   3 rura *b* : dura *BPTMv*   diris *v*   uoto *v*
4 rapiunt *T* : rapiant *v*   uitulique *vb*   5 ny(i *b*)mbos aquilaeque *vb*
6 glisset *v*   7 muta *Barthius et Gronouius* : multa *codd.*   fient
codd. : fuerit *Gronouius et sic Canon. Lat.* 27   quam non sit mea *v*
auena] fata *T*   8 fata *TP Goebbel*   ligurge *Mvb* : ligurce *BP* :
post Lycurge *interpungebat C. F. Hermann*   9 trinacryę *B*
sterilescant] steriles *in litura M*   gaudia] *fort.* gramina   nobis *b*
10 seni, nostris *scripsi* : senis nostris *T* : senis nostri *BFMPv*   11
fort. semine pturient *v*   13 montes] fontes *Boxhorn*   14 Rursus
initiali magna BFP   *et om. P*   *num* Turpius hoc? repetamus]
inpetamus *v*

DIRAE

effetas Cereris sulci *abs*condatis auenas,   15
pallida flauescant aestu sitientia prata,
immatura cadant ramis pendentia mala :
desint et siluis frondes, et fontibus umor,
nec desit nostris deuotum carmen auenis.

haec Veneris uario florentia serta decore,   20
purpureo campos quae pingit lena colore,
hinc aurae dulces, hinc suauis spiritus agri,
mutent pestiferos aestus et taetra uenena.
dulcia non oculis, non auribus ulla ferantur.
sic precor et nostris superent haec carmina uotis.   25

    Lusibus et nostris multum cantata libellis
optima siluarum, formosis densa uirectis,
tonderis uiridis umbras, nec laeta comantis
iactabis mollis ramos inflantibus auris,
nec mihi saepe meum resonabit, Battare, carmen.   30
militis‸ impia cum succaedet dextera ferro,

15 effectas *vP*   sulcis *codd. et sic Goebbel* : sulci *ed. quae princeps
habetur*   condatis *BFMPT* : condamus *vb* : abscondatis *scripsi*   16
aestus *T et ut uidetur P*   siencia *M*   18 ec siluis *v, nisi me
fallunt oculi*   frontibus *B*   humor *omnes mei codices*   19 nec
al. quam *v*   gramen *T*: camen *M* : germen *Goebbel*   20 H
initiali magna BF : haec *B* : nec *v* : hinc *Sillig*   decorē *ex* decorū *M*
21 purpurea *h* : -ream *b*   pingit (tingit *v*) auena *codd.* : pingunt
uerna *Heinsius, cf. Val. Fl. VI.* 492 : amoena *Baehrens* : lena *scripsi*
colorem *M m. pr.*   23 mittent *T*   terra *Mv* : treta *b*   24
oculos *M m. pr.*   naribus *Heinsius, Goebbel*   forantur *BFMP*
25 et] ut *F* hic *Par.* 8069   26 L *initiali magna BF* : lusibus *Putsch,
Sillig* : lusimus *vb* : ludimus *BFMPT* : lusimus a *uel* heu *Eskuché* :
fort. laudibus   27 uirectis *BFMPT*   *Inter* 27, 28 *Rothstein unum
uersum excidisse credidit, post* uiridis *interpungens*   28 tonderis
Putsch, Naeke : tondemus *BFT* : tundemus *P* : tondentur *M* : tu
demum *vb* : tondebis *Gronouius* : fundes non *Eskuché* : *fort.* Tum demum
uiridis umbras non laeta comantis Iactabis mollis ramos inflantibus
auris *ut* ramos *pendeat ex participio* inflantibus.   nec] non *vb*
comantis *P et Augustanus (siue Treuirensis) Naekii. Canal notam
interrogationis ponebat post* umbras . . . auris . . . carmen   30 N
initiali magna BF   ne *M* : hec *b*   bactare *vb*   *Versum Goebbel
credidit unum ex decem qui fuerant superesse, Baehrens transponebat
post* 36   31 impia cum militis *v*   succedet *BFPMT* : succedit *v* :
succidet *Ribbeck*

formosaeque cadent umbrae, formosior illis
ipsa cades, ueteris domini felicia ligna.
nequiquam : nostris potius deuota libellis,
ignibus aetheriis flagrabit. Iuppiter, (ipse   35
Iuppiter hanc aluit) cinis haec tibi fiat oportet.

Thraecis tum Boreae spirent immania uires,
Eurus agat mixtam fulua caligine nubem,
Africus immineat nimbis minitantibus imbrem,
cum tua cyaneo resplendens aethere silua   40
non iterum discet nec ero ' tua ', Lydia, dici.
uicinae flammae rapiant ex ordine uitis,
pascantur segetes, diffusis ignibus auras

32 cadunt *BFMPT* : cadant *v* : cadent *b*   33 ipsa *Treuirensis
et T* : ipse *BMPvb* : ille *F*   ueteris *vb* : iteris *BFM*Π : ueris *T*
domici *M*   regna *T Goebbel*   34 *om. M, post* nequiquam
interpunxit Putsch   ne quiquam *BTb* : ne quicquam *FP* : nec quicquam *v*   potuit *v* : toties *Wernsdorf*   35 flagrabis *Naeke* :
flagrabat *v*   Iupiter *bis M*   *Parenthesin Wernsdorf et Naeke con-
stituerunt*   36 coluit *v, nisi me oculi fallunt* : aluid *M* : aliud *T*
haec] ec *Baehrens*   tibi] a Ioue *Maehly* (*om.* haec) : ibi *Ribbeck
Manca haec credo, amissis duobus saltem uersibus, quos sic supplebam
Americ. J. Philol. VIII.* 411
    [deficit incassum, non perfert dextera ferrum,]
      nec quidquam nostris potuit deuota libellis.
    [at non Cadmeis Semele, pia cura Tonantis,]
      ignibus aetheriis flagrauit? Iuppiter, (ipse
      Iuppiter hanc aluit) cinis haec tibi fiat oportet.
37 Thraecis *Ribbeck* : threcis *M*Π : tracis *v*   inm. *EMv*   38 Eurus
Ascensiana[3] : purus *codd.*   furua *Heinsius* : furua *ul* fusca *de
Rooy Spicil. p.* 110   39 mimitantibus *P* : minantibus *v*   40 cianeo
resplendes *v*   41 non iterum dicens (dices *bv*) erebo (erobo *P* :
erebro *B* : crebro *Tvb*) tua lidia (lydia *T*) dixi (dixti Π : dexti *M* :
dixit *B*) *codd.*   Noscet iter ducens erebo tua, Lydia, Ditis *ed.
Mutinensis, teste Naekio, quod receperunt Arnoldus, Naeke, Ribbeck* :
Non i. dicet crebro quae Lydia dixit *M. Schmidt, Philol. VIII.* 192:
Non i. discet crebro quae, Lydia, dixti *Eskuché* : Non i. dicetur :
heri 'tua' Lydia dixti *ego in Cambridge J. Philol.* VIII. 72   *Post u.* 40
lacunam statuit Reitzenstein, u. 41 *scribit* Non i. dicens crebro quae,
Lydia, dixit.   *Locum sic constituit* L. C. *Purser* cum tu, cyaneo
resplendens aethere silua, non iterum .dices (crebro optima Lydia
dixti) 'uicinae flammae,' etc., *ut* silua *uocatiuus sit*   43 *om. v*
auras *Heinsius* : aur(a)e *codd.* : aura *Naeke*

transuolet, arboribus coniungat et ardor aristas.
pertica qua nostros metata est impia agellos,　　　　　45
qua nostri fines olim, cinis omnia fiat.
sic precor, et nostris superent haec carmina uotis.

Vndae quae uestris pulsatis litora lymphis,
litora quae dulcis auras diffunditis agris,
accipite has uoces. migret Neptunus in arua　　　　　50
fluctibus et spissa campos perfundat harena.
qua Vulcanus agros pastus Iouis ignibus arcet,
barbara dicatur Libycae soror altera Syrtis.

Tristius hoc, memini, †reuocasset†, Battare, carmen.
nigro multa mari dicunt portenta natare,　　　　　55
monstra repentinis terrentia saepe figuris,
cum subito emersere furenti corpora ponto:
haec agat infesto Neptunus caeca tridenti,
atrum conuertens aestum maris undique uentis,
et fuscum cinerem canis exhauriat undis.　　　　　60
dicantur mea rura ferum mare. nauta caueto

---

44 ardor *Scaliger, quod Naeke in Iensoniana Veneta scriptum in marg.
ante annum* 1500 *inuenit* (*p.* 395): arbor *codd.*　　　45 *et qui
secuntur ad u.* 20 *Lydiae interciderunt in M*　　P *initiali magna
BFP*　　qua *Aldina* 1517: quae *codd.*　　impia] ipsa *v*　　46-90
in S legi possunt　　46 cines (*suprascr.* i) *S*　　fiat *BFS*Π*b*:
tiat *v*: fiant *ed. Ascens.* 1507　　47 ut *bv*　　48 undaque *P*:
undique *Sb*: undique que uestris (*ex* nostris) *v*: nostris *b*: uitreis
Heinsius lymphis] nimphis *b*: uestris litora pulsatis (*om.* limphis) *S*
49 quae] que *vF*　　defunditis *S*　　50 A *initiali magna P*
migrat *P*　　51 perfundit *v*　　52 pastos (u *suprascr.*) *v*: pastor
ed. Zarotti 1482　　ardet *Scaliger*: arsit *Ribbeck*　　53 li(yb)biȩ
Svb　　54 T *initiali magna BF*　　reuocasti *b Naeke*: p̄uocasti *v*:
reuocasset *BFT*Π: meminere uocasset *S*: reuocasses *h*: *fort.* Tristius
hoc, memini, reuoca set, Battare, carmen.　　55 nigra *T*　　multo
ST: *fort.* nigra mari moto　　dicunt *T*: dicent *BF*Π*Sv*　　56
repentinus *S*: *num* repentineis?　　57 *post* subito *spatium in S,
credo ex rasura*　　ermersere *Can. Lat.* 27, *fort.* ecmersere, *sic* 115
uiterula *pro* uitecula　　ferenti *S solus ex meis*　　58 H *initiali magna
FP*　　agit *T*　　infesto *v et corr. B*: infesta Π*ST*　　59 A
initiali magna B: atrunco uertens *S*: conuerrens *Scaliger*　　60
exauriat *v*: exauriet *T*　　61 dicat *v*　　ferrum *v*: merum
Boxhorn

rura quibus diras indiximus, impia uota.

Si minus haec, Neptune, tuas infundimus auris,
Battare, fluminibus tu nostros trade dolores:
nam tibi sunt fontes, tibi semper flumina amica.   65
nil est quod perdam ulterius: meret omnia Ditis.
flectite currentis nymphas uaga flumina retro,
flectite et aduersis rursum diffundite campis.
incurrant amnes passim rimantibus undis
nec nostros seruire sinant erronibus agros.   70

   Dulcius hoc, memini, reuocasti, Battare, carmen.
emanent subito sicca tellure paludes
et metat hic iuncos, spicas ubi legimus olim.
cogulet arguti grilli caua garrula rana.

   Tristius hoc rursum dicit mea fistula carmen. .   75
praecipitent altis fumantes montibus imbres,
et late teneant diffuso gurgite campos
qui dominis infesta minantes stagna relinquant

62 duras induximus *S*   63 *S initiali magna B*   tuas *Heinsius*:
tuis *codd. quod retinuit Rothstein Herm.* XXIII. 514   aris *v*   tuas
infundis in auris *Eskuché*   65 flumina semper *Svb*   66 *sic
scripsi*: nihil *B*: nilem quod pergam ulteris *S*   pergam *Heinsius*
et Eichstad   merita (meritis *Tv*) omnia (*om. b*) ditis (dicis *v*)
codd.: merita omnia diras *Heinsius*: merito omnia dicis *Putsch*:
merito omnia Ditis *Ribbeck*: *fort.* nil e. quo pergam ulterius (maris
omnia) diris   67 *F initiali magna B*   ny(i)mphas *codd. mei
omnes etiam vhb*   flumina retro *om. S*   retro] amica *P* (*ex* 65)
68 cursim *v*: cursum *b*   69 incursant *vb*   omnes *E*   remant.
(i *suprascr.*) *v*   70 *om. S relicto spatio unius uersus*   seruire
B m. pr. postea corr. in exire: exire *FΠTvbh quod seruarunt Tollius,
Canal, Rothstein*   erronibus *Bembus*: erroribus *codd. omnes, quod
seruarunt Tollius, Canal, Rothstein*   71 *D initiali magna BFP*
72 et manent *Pb*: ec máneant *v nisi me fallit compendium scripturae*
sicco *S*: sicco /// *T*   73 hinc *hb*   iungos spicos *S*   74
cocule targ. *BΠ*: coculet *T*: cogulet· *Paris.* 8o69: conculę et *h*:
occultet *S*: occupet *vb*: occubet *Naeke*: cogulet *scripsi, h. e.* coagulet,
cf. Cambridge J. Philol. VIII. 73: calcet et *C. F. Hermann, Eskuché*
grilla cana garrola *v*: *fort.* grillei   75 *T initiali magna BFP*
dicat *duo Vratislauienses Naekii, Canal*   76 umbre *v*   78 quid
(qui *v*) dominis (dominus *S*) i. m. s. relinqu(u)nt *codd.*   relinquent
b: relinquant *ed. pr.*

unde elapsa meos agros peruenerit unda.
piscetur nostris in finibus aduena arator,   80
aduena ciuili qui semper crimine creuit.
    O male deuoti, praetorum crimina, agelli!
tuque inimica pii semper discordia ciuis.
exsul ego indemnatus egens mea rura reliqui,
miles ut accipiat funesti praemia belli.   85
hinc ego de tumulo mea rura nouissima uisam,
hinc ibo in siluas: obstabunt iam mihi colles,
obstabunt montes. campos audire licebit
'dulcia rura ualete, et Lydia dulcior illis,
et casti fontes, et felix nomen agelli.'   90
    Tardius a miserae descendite monte capellae:
mollia non iterum carpetis pabula nota;
tuque resiste pater. †et prima nouissima nobis†
intueor campos longum: manet esse sine illis.
rura ualete iterum, tuque optima Lydia salue,   95
siue eris, et si non, mecum morieris, utrumque.

79 unde (undae *B*, undę *E*) lapsa (elapsa *T*) meos (lapseos *S*)
codd.: meas *Monacensis* 261: *num* means?   illapsa *Heins.*: cum
delapsa *Reitzenstein cum sequentibus iungens. Versum post* 65 *transponebat Ribbeck*   80 pascetur *S*   81 crimina *S*   82
praetorum *Mediolanensis O.* 74 *sup.*: pratorum *BΠSvb Rothstein*:
parcarum *T*: raptorum *Scaliger*: prauorum *ed. Zarotti* 1482: prae-
donum *Heinsius*   crimina *BFΠSTv*: crimine *b Canal*: crimen
Heinsius   pastorum *carmine Kroll*   83 pii *scripsi*: tui *codd.*:
tuis *Rothstein, post* discordia *interpungens*   84 E *initiali magna*
BFP: exule *gom* dampnatus *P*: in damnatus *v*   86 nouissima *B*
m. pr.   uisam *om. S*   87 *post* siluas *S om. cetera*   88 *om. S*
adire *h*: haud ire *Haupt*   89 D *initiali magna BFP*   libia *v*
93 tuquae *E*: *et sic ut uidetur S* (tu quaere siste): tu quoque *v*
pater *codd.*: caper *Heinsius*   nobis *om. vb*   haec prima, nouissima
nobis *Vergilius Aldi* (*Naeke pp.* 129, 413), *Canal*: en prima, n. n.
ed. Antverp. 1556, *Sciaua*: *num* ea thymbra n. uobis? *an* rimare n.
uobis?   94 *post* campos *interpungebat Rothstein*   manet esse
sine illis *T*: m. esses in illis *BΠ*: m. estus in i. *vb*: m. ensis in illis
marg. obses *Mediol. cum Vossiano I Naekii*: mene esse sine illis
Baehrens   95 R *initiali magna BFP*   *Post* 95 *et* 96 *lacunas statuit*
Ribbeck   96 si *om. S*   nom mecum *E*   siue eris, et si non,
mea commorieris, utrumque *ego olim*

Extremum carmen reuocemus, Battare, auena.
dulcia amara prius fient et mollia dura,
candida nigra oculi cernent, et dextera laeua,
migrabunt casus aliena in corpora rerum,   100
quam tua de nostris emigret cura medullis.
quamuis ignis eris, quamuis aqua, semper amabo :
gaudia semper enim tua me meminisse licebit.

[LYDIA]

INVIDEO uobis agri, formosaque prata,
hoc formosa magis, mea quod formosa puella   105
ex uobis tacite nostrum suspirat amorem.

uos nunc illa uidet, uobis mea Lydia ludit,
5   uos nunc alloquitur, uos nunc arridet ocellis,
et mea summissa meditatur carmina uoce,
cantat et interea mihi quae cantabat in aurem.   110

inuideo uobis agri : discetis amare.

o fortunati nimium multumque beati,
10   in quibus illa pedis niuei uestigia ponet

---

97 E *initiali magna BFP*   98 fiant *BF*Π*vb* : fient *ed. Zarotti*
1482 *et sic Bembus ubi u. citat in libello de Culice*   99 *om.* S
oculis certant *v* : oculi cernant *BF*Π*Thb* : cernent *ed. Zarotti* 1482,
Bembus   100 nigrabunt cāus *v* : auctus *Rothstein*   102 quamuis
nix aderit *vb* : quamuis //nis *E* : *fort.* ninguis erit   *uersum post* 90
transponebat Goebbel, assentiente Ribbeckio   103 me *om.* B¹
Π *Treuirensis*   *Post* 103 *aliud carmen et quidem* Lydiam *incipere
primus opinatus est Fr. Iacobs. In codicibus uersus continuantur sine
interstitio. Sed in* 104 *primam litteram I magnam habent BFP*
   LYD. 1. agni *F*   formasaque *EB*   *Post hunc u. sequitur in* S
9 o fortunati, *omissis* 2–8   1–7 *in marg. scriptos habet b, dein* 'in alio
exemplari inueni ista carmina'   2 hęc *v*   mea *om. b*   quo *T* :
quam *v*   formosa] o *ex a E*   3 est uobis *BF*Π*T* : et uobis *b
Mediol. In v compendium scripturae est quod* ec *potius quam* et *significare credidi, ex tamen praetuli*   4 illa uidet] allaquider *E*   5 uos
nunc arr.] uobis *v*   adridet *E* : aridet (*suprascr.* r) *P* : arridet *v Med.*
6 E *initiali magna B*   summissa *BFEv* : submissa *Pb*   7 interdum
W. Wagner : inter uos *Ribbeck* : *fort.* in terra   cantabit *v*   8 agri
etiam F   disetis *BF*Π : dissetis *Paris.* 8069   9 O *initiali magna BFP*   multumque beati *in rasura habet b*   10 ponit *vb*

aut roseis digitis uiridem decerpserit uuam :
dulci namque tumet nondum uitecula Baccho :   115
aut inter uarios uenerem stipantia flores
membra reclinarit temere atque illiserit herbam,
15   et secreta meos furtim narrabit amores.
gaudebunt siluae, gaudebunt mollia prata,
et gelidi fontes, auiumque silentia fient.   120
tardabunt riui lapsantes gurgite lymphae,
dum mea iucundas exponat cura querelas.
20   inuideo uobis agri : mea gaudia habetis,
et uobis nunc est mea quae fuit ante uoluptas.
at male tabescunt morientia membra dolore,   125
et calor infuso decedit frigore mortis,
quod mea non mecum domina est.   non ulla puella
25   doctior in terris fuit aut formosior ; ac si
fabula non uana est, tauro Ioue digna uel auro
(Iuppiter auertas aurem) mea sola puella est.   130
felix taure, pater magni gregis et decus, a te
uaccula non umquam secreta cubilia captans

---

11 uiridem digitis *T*   decerpserit *in rasura b*   12 dulci
ed. pr. : dulcis *vb* : dulcia *BFΠST*   timet *vb*   uitecula bacho
in ras. b   13 uenerem stipendia *BFΠh, idemque in S fuisse
testantur reliquiae* s///end/ : spumantia *T* : stipantia *vb* : stupentia
marg. B man. recent. : ueneris stipendia (*suprascript.* -rem' -antia)
Mediol. : uenerem spirantia *Eichstad* : ueneris dispendia *Dousa pater*
14 reclinarit *hb* : declinarit *BFΠSv*   temere atque *scripsi* : tene-
remque *BFΠ* : teneramque *Tvb* : ueneremque *h*   illis. *v* : inlis. *ΠF* :
illes. *Can. Lat.* 27   15 narrabat *v* : narrabis *T*   18 tardabis *S*
labentes (labantes *T*) currite (sistite *vb*) *codd.* : lapsantes gurgite
scripsi : labentes' currere *uulgo*   nimphę *v*   19 quaerelas *E* :
querela(ā *B*)s *BS*   20 hinc rursus *incipit M* : I *initialem magnam
habent BFP*   22 mala *S* : mihi *Aldina* 1517   tabescunt *ed.
Zarotti* 1482 : tabescant *BFMΠSTvb* : *post hunc u. reliqua desunt in v :
fort.* an male tabescant . . . et color i. decedat f. m. ?   23 decedit
T : dece(oe *M*)pit *BFMΠS*   24 dominata est *S* : *an* dominast ? :
est *om. E*   ulla *ed. Ascens.* 1507 : illa *BFMTΠS*   25 aut]
ac *B* : *Epigr. Lat. ed. Buecheler* 1166. 5, 6 Quod si longa tuae mansissent
tempora uitae, Doctior in terris nulla puella foret, *quod primus attulit
Weitzius ad Copam, p.* 23 (1642)   26 Fabula non *ceteris omissis S*
27 auertas //// meam *S*   aure *P*   28 a te] are *b, nescio an
recte* : ante *Bywater*   29 uacula *MS*   non numquam *MSb*

30 frustra te patitur siluis mugire dolorem.

et pater haedorum felix semperque beate

siue petis montis praeruptos, saxą pererrans,   135

siue tibi siluis noua pabula fastidire

siue libet campis : tecum tua laeta capella est.

35 et mas quodcumque est, illi sua femina iuncta

interpellatos numquam plorauit amores.

cur non et nobis facilis natura †fuisset ?   140

cur ego crudelem patior tam saepe dolorem ?

sidera per uiridem redeunt cum pallida mundum,

40 inque uicem Phoebae coiens atque aureus orbis,

Luna, tuus tecum est : cur non est et mea mecum ?

Luna, dolor nosti quid sit : miserere dolentis. 145

Phoebe, gerens in te laurus celebrauit amorem ;

et quae pompa deum, non siluis fama, locuta est ?

45 (omnia uos estis) secum sua gaudia gestat,

---

31 E *initiali magna* BFP   beatae *E* : beatus *b*   33 siluas *S* : sillius
M : si uis *T*   34 est *om. b*   35 quodcumque *Monac.* 21562 :
quocumque *BFMΠSTb* : quicumque *Ascensius in Comment.* 1507 : *fort.*
quacumque   36 inter pellatos *S*   37 C *initiali magna BFP*   fuisti
Salmasius : Cur non et nobis facilis natura? fuisset. non ego c. patiar t. s.
dolorem *Acidalius ad Vell.* P. II. 69   39 cum palida mudū *M*   40
ph(o)ebe *BFMΠb* : phoebus *T* : Phoebae *Sonntag*   coiens *scripsi* :
currens *codd.*   atque *codd.* : meat *Sonntag*   inque uicem Phoebe
currens, atque aureus orbis *Naeke* : inque u. Phoebi currus fugat a.
orbis *Ribbeck* : i. u. Phoebi currens cadit a. o. *Rothstein, et sic sed* abit
Eskuché   41 tuus *b* : tui *BFΠMTSh*   43 Phoebe *Med.* : Pheope *T* :
Phoebo *B m. pr.*, *FΠM*   gerens *BFΠMT* : merens *hb* : decens
Sillig : recens *Naeke* : querens *Eskuché* : gemens *Ribbeck²*. *Sed* gerens
potest esse *qui te, Phoebe, gerit sc. simulacrum Phoebi in pompa*
in te *BFΠST* : in te tute (tute *eras.*) *M* : uitę *b*   44 quae] quem *ed.*
pr.   quae *interrogationis esse primus uidet Schopen* (1847), *post eum ego*
Cambridge J. Philol. VIII. 73 (1879), *nouissime Sciaua* (1898)   non
Tb : nisi *BFΠSM. Sententia est : ecquem deum pompa, qua circum-*
fertur, uulgauit hominibus, neque eundem fama siluis locuta est tamquam
ibi amores exercentem? nulla o superi pars est naturae in qua non
praesentes uersemini : unusquisque aut secum amoris monumentum
gestat, florem plantam fistulam, aut inter sidera imaginem puellae ac
nomen relatum conspicit. Totum locum sic nunc refinxerim :
    Phoebe, gerens nam te laurus celebrauit amorem, —
    et quem pompa deum, non siluis fama locuta est ?
    omnia uos estis — tecum tua gaudia gestas
    aut insparsa uides mundo : quae dicere longum est.
45 gestat *sc. deus* (44)

aut insparsa uidet mundo : quae dicere longum est.

aurea quin etiam cum saecula uoluebantur.   150

condicio similisque †foret mortalibus illis,

haec quoque praetereo : notum Minoidos astrum,

50   quaeque uirum uirgo, sicut captiua, secuta est.

laedere, caelicolae, potuit uos nostra quid aetas,

condicio nobis uitae quo durior esset?   155

ausus ego primus castos uiolare pudores,

sacratamque meae uittam temptare puellae,

55   immatura mea cogor nece soluere fata?

istius atque utinam facti mea culpa magistra

prima foret : letum uita mihi dulcius esset,   160

non mea, non ullo moreretur tempore fama,

dulcia cum Veneris furatus gaudia primum

60   dicerer, atque ex me dulcis foret orta uoluptas.

nam mihi non tantum tribuerunt impia uota,

auctor ut occulti noster foret error amoris.   165

Iuppiter ante sui semper mendacia factus,

cum Iunone, prius coniunx quam dictus uterque est,

65   gaudia libauit dulcem furatus amorem.

---

46 mundoqȝ *M*   48 fouet *F* : similis fuerat *ed. Basil.* 1543,
Naeke : similisque fuit *Ribbeck*   49 H *initiali magna BFP*   praetereo
ed. Basil. 1543 : praeterea *codd.* : praeteream *Eskuché*   Minoidus
(i *suprascr.*) *B* : minoidus *FM*Π   51 potuit *om. S*   uos *T* : nos
*BF*Π*S* : *om. M*   quietas *T* : aestas *B*Π*M*   52 quae *Eb*   53 egon
ed. Basil.   54 uittam *ed. Ascens.* 1507 : uitam *codd.*   temerare
L. C. Purser   55 mea *Haupt* : meae *BF*Π*MT* : me *S Mediol.*
cogor *T et Monacens.* 21562 : quoque *BF*Π*MS*   nĕce *marg.* uel
nexe *B*   i. mee necis quoque s. fata *b*   facta *BSE*   *fort.* iam
matura mea nequeam uice s. uota, *ut* uota *ex u.* 61 *huc transponendum
sit, uti fecit Ribbeck ed.*[1] iam matura *habet ed. Ven. Vindelici de Spira*
1473   56 fati *M* : facta *S* : *num* factei ?   57 foret] sera *S* : *fort.*
ferat   mihi uita *M Treuirensis, et sic Canal et Naeke*   58 non me
S   non nullo *B*Π*S* · 59 primus *ed. Basil.*   60 dicerer *BFMSb* :
diceret *PT*   61 nam] nunc *Godfr. Hermann*   inuida fata
Heinsius : *fort.* improba facta   63 I *initiali magna BFP*   semper]
sed per *b*   factus *BF*Π*MST* : furti *hb Mediol.* : fastus *Scaliger.*
Iuppiter factus semper mendacia sui *potest esse qui semper se conuertebat
in formas quae ipsius speciem mentiebantur siue mentite reddebant. taurus
uel aurum uel olor factus.* 'Che fe sempre di se menzogne' *Canal*

et moechum tenera gauisa est laedere in herba
purpureos flores, quos insuper accumbebat,   170
clam dea formoso supponens †gaudia† collo.

tum credo fuerat Mauors distentus in armis :
70   nam certe Vulcanus opus faciebat, et illi
tristi turpabat malam fuligine barba.

non Aurora nouos etiam plorauit amores,   175
atque rubens oculos roseo celauit amictu ?

talia caelicolae.   numquid minus aurea promo ?

75   ergo quod deus atque heros, cur non minor aetas ?
infelix ego, non illo qui tempore natus
quo facilis natura fuit.   sors o mea laeua   180
nascendi, miserumque genus, quoi sera libido est !
tantam, uita, meae cortis fecere rapinam,
80   ut maneam quod uix oculis cognoscere possis.

66 moechum *Baehrens* : mecum *BFΠMSb* : mea cum *T* : et secum
Scaliger : et tecum *Gronouius, Peerlkamp* : et dea clam *Heinsius* : et
dea cum tenero *Wernsdorf* : et mare cum tenero *Lachmann*   laedere
Canterus : ludere *codd.*   67 occumbebat *M*   68 clam dea
scripsi : grandia *codd.*   formoso] formasa *S m. pr.*   gaudia]
Cypria *Naeke* : suauia *L. C. Purser* : candida . . . bracchia *uel* bracchia
. . . candida *uulg., cf. Catull.* LXIV. 332   bracchia f. s. Cypria c.
Lachmann : *fort.* glaucia, *cf. Scriuerium ad Martial.* IX. 26. 2.   69 T
initiali magna BFP : cum *TF*   Mauors fueras *Gronouius*   70
nam] hoc *T* : cum *Peerlkamp*   71 tristi turpabatque (turbatque
TS) mala fuligine barbam *BMPST* : malas *Scaliger* : malam *Naeke* :
barba *Scaliger*   turpabat strictura mala f. barbam *ego olim*   73 rubeo
T   uelauit *Broukhuysen*   74 T *initiali magna BFP*   75
quid *MSb*   aeros *M*   77 leua *B*   78 Nascendum *T*
quo *codd. sed M ex* qua : quoi *Naeke*   est *om. b*   79 tanta
(tantum *PT*, tantam *b*) meae uitae (uitae meae *P*, uita meac *T*, me
uite *S*, uita mei *b*) cordis fecere (fecer *P*) rapinam *BFΠMSTb* : fata
meae tantum sortis f. ruinam *uel* tantam fata meo cordi f. ruinam
Heinsius : tantum mi uitae curae *Francius* : uota meae *Iacobs* : fata mei
curis *Haupt* : fata meae uitae *Canal* : tantam fata meae carnis *Baehrens* :
fata meae uitae quor sic f. r. *Birt*   *Mihi* cordis *ex* cortis *corruptum*
uidetur : tantam, mea uita (sc. Lydia), milites cortis meae rapinam
fecerunt, h. e. tantum abstulerunt auium, ut prae macie uix a te cognoscar.
An scribendum tantam, uita, meae sordes (*h. e. condicio maerentis amis-*
sam rem) fecere ruinam ?   80 possim *b*
   P. VIRGILII MARONIS DIRAE FINIVNT COPA EIVSDEM INCIPIT *E et sic*
P sed addito MARONIS *post* EIVSDEM : PVBLII VIRGILII MARONIS DIRE
FINIVNT ; COPA EIVSDE MARONIS INCIPIT . ·. *B*

SIGLA CODICVM

B = Bembi codex, Vat. 3252		saec. ix
F = Bodleianus Auct. F. I. 17		xiv
S = fragmentum Stabulense Paris. 17177		xi
E = Paris. 8093		x
M = Mellicensis, uu. 1–14 continens		xi
D = Digbianus bibl. Bodl. 100 f. 137^b		xiv
V = Vat. 2759		xiii
G } = Paris. 8207		} xiii
Γ } = Mus. Brit. Harl. 2534		

Ω = consensus codicum $BESM$, post u. 14 BES

$Phil.$ = Phillippicus 6549, uu. 1–28 continens   xiii (?)

COPA Surisca caput Graeca redimita mitella,
  crispum sub crotalo docta mouere latus,
ebria famosa saltat lasciua taberna
  ad cubitum raucos excutiens calamos.
'quid iuuat aestiuo defessum puluere abesse,   5
  quam potius bibulo decubuisse toro?
sunt topia et kelebes, cyathi, rosa, tibia, chordae,
  et triclia umbrosis frigida harundinibus.
en et, Maenalio quae garrit dulce sub antro,
  rustica pastoris fistula more sonat.   10
est et uappa cado nuper defusa picato
  et strepitans rauco murmure riuus aquae.
sunt etiam croceo uiolae de flore corollae,

PVBLII VIRGILII MARONIS DIRᴇ FINIVNT; COPA EIVSDᴇ̄ MARONIS IN-
CIPIT ∴ B : INCIPIT COPA EIVSDEM S : COPA EIVSDEM INCIPIT E :
INCIPIT COPA VIRG̃ MARONIS M   Charisius p. 63 Keil dicit Vergilium
librum suum Cupam inscripsisse.

                              i
  1 suirisca BEM : surisca M : sirisca marg. B, manu recentiore V
greca ex grega B   metalla Ω : mitella Paris. 11867 f. 226ᵇ 'Virgilius Copa sirisca capud greca redimita mitella,' et sic V et Γ m. sec.
2 cratalo (o suprascr.) S   3 hebria B   fumosa Monacenses 305,
18059, 21562   5 ᴀestiuo B   defensum Vat. 1574   ab esse
B : abisse Ilgen et Haupt, sed cf. Tyrrell ad Cic. Fam. xvi. 8 'abesse
ab iniuria temporum'   6 quam] an nec?   bibulo codd. : uiuo
Schenkl : thoro B   7 tōpia B : trophi B marg. m. recent. : thephia
Vat. 1574 : topia (ex tobia S) ES : copia F : opia M, fortasse uere,
cf. Plin. H. N. XX. 197-203 : obbae Ilgen? : num scaphia uel stro-
phia?   kelebes scripsi : kalibes BM : calibes EFS Phil. : calybae
Scaliger : kalybae Reichenbach   cyati B   cordᴇ BM   8
triclia Leo ex inscriptionibus : triclya Mon. 305, 18059 : triaclia
BEV : tria clia S : triadia M   umbrosis Monacenses et marg. B :
umbris Ω : uᴇrbis (suprascr. umbris) Γ : umbriferis Haupt   9
menalio B   10 in ore MΓG Phil. fortasse recte   11 diffusa
DΓ : defusa reuocauit Scriuerius Anecd. p. 69   12 crepitans
V et Vat. 1574   13 etiam] et D   croco Phil.   et Corycio Burmannus   corollae B

sertaque purpurea lutea mixta rosa,
et quae uirgineo libata Achelois ab amne   15
    lilia uimineis attulit in calathis.
sunt et caseoli quos iuncea fiscina siccat.
    sunt autumnali cerea pruna die.
castaneaeque nuces et suaue rubentia mala,
    est hic munda Ceres, est Amor, est Bromius.   20
sunt et mora cruenta et lentis uua racemis,
    et pendet iunco caeruleus cucumis.
est tuguri custos armatus falce saligna,
    sed non et uasto est inguine terribilis.
huc Calybita ueni, lassus iam sudat asellus.   25
    parce illi, Vestae delicium est asinus.
nunc cantu crebro rumpunt arbusta cicadae,
    nunc uepris in gelida sede lacerta latet.
si sapis, aestiuo recubans   prolue uitro,
    seu uis crystalli ferre nouos calices.   30

---

17 *Miconis Prosodia* 168 ed. *Traube in Duemmleri Poetis Latinis
Aeui Carolini* III. *p.* 285 : *s. u.* Fiscinas. Sunt et caseoli quos iuncea
fiscina siccat. VIRGL.

14 lutea] linea *Phil.*   mista *BM*   ţrosa *B*   15 sunt quae
Vossianus Lat. Oct. 81   17 iuncea *etiam Mico cum Phil.*: uincea
Monacenses : scirpea *Vossianus*   siccat] ueccat *Phil.*   18 autunalis
Vossianus   dee *Vossianus*   20 broimus *S*   22 ceruleus *B*
25 huic Ω ' *i. e. Priapo, tuguri custodi, inuitanti, non terrenti' Leo* : huc
Monacenses Phil. et Vossianus   c(ch *Mon.*)alibita *BEF Mon.* :
calibita *ex* calabita *S* : calibida *V Phil.* : alibida ΓD : Cybelista *Sillig
sicut edidit Ascensius* : capalista *Schenkl ; Hesych.* καπαλευτάς· ὀνηλά-
τας· *num* Alybida?   *quod scribendum proposui in dissertatione* ʻA
                                                                         salsus
Bodleian M S of Copa' *etc.* Frowde 1906   iam sudat asellus *B*, salsus
m. recent. : lassus *SMon.* : fessus *VGΓ Vossianus* : iam fessus *D* :
om. EF   26 illi] isti *Phil.*   Vestae *Vossius* : uestrę *BEFS* :
nostri *Phil.* : nostrum ΓD   delicium *B Phil.* : dilic(t *F*)ium *SF*
28 uepris *scripsi potius quam* ueprum *quod coni.* Haupt : uere *BEFD* :
uere *adscript.* uel certe Γ : uero *S Phil.* : uiridis *super rasuram
prioris scripturae Vat.* 1577 : uaria *Monacenses, quod recepit Ribbeck*
29 recubans nunc *codd.* : recubans te *Scaliger* : *num* os *an* rus?   pro-
luce *F* : proluee (?ec) *E* : lue *adscript.* uel prolue Γ   uitro *ex*
antro *S* : *et fortasse* proluere *imperatiuus est, Theocr. XXV* 95 τόσσ'
αἰεὶ μετόπισθε βοῶν ἐπὶ βουκόλι' ᾗει, 76 εὑρήσεῖς Γαλάτειαν ἴσως καὶ
καλλίον' ἄλλαν   30 cristalle *BEFS* : cristalli *Monacenses* :
cristallo Γ, *Vat.* 1574 *et* 1577

COPA

heia age pampinea fessus requiesce sub umbra
  et grauidum roseo necte caput strophio,
†formosum† tenerae decerpens ora puellae.
  a pereat cui sunt prisca supercilia!
quid cineri ingrato seruas bene olentia serta?   35
  anne coronato uis lapide ista tegi?
pone merum et talos. pereat qui crastina curat.
  mors aurem uellens 'uiuite' ait 'uenio.'

31 *Nemes. Ecl. IV.* 46 *ed. H. Schenkl* 'Hac age pampinea mecum
requiesce sub umbra.'

31 hia *BE* : hic *SFDΓ*   32 trophio *VΓ²*   33 formosum
codd. : formosus *Vrbinas* 350 *teste Curcione et sic ed. Ascens.* 1507 : fer
morsum *Oudendorp* : *fort.* per morsum   ore *S*   34 a pereat cui Ω
crispa *marg.* B, *h. e. corrugata*   super cilia *B*   35 cineri *ex* cinere *B*
36 ossa *Ilgen* : *potuit etiam nominatiuus esse, uelut* olla urna   teri
Leo : anne coronando uis lapidi (? lapide) ista legi ? *editor Oxoniensis*
(*Parker* 1889) *et Curcio* (1905) *sed uide Munronem ad Lucret.* V. 1199
37 allos *S*   paraetat *E*

PVBLII VIRGILII MARONIS COPA FINIT.   VERSICVLI EIVSDĒ MARONIS
DE EST ET.   NON INC. IᵖƁ   P. VIRGILII MARONIS COPA FINIT *E*

APP. V.   6

SIGLA CODICVM

B = Bruxellensis 10675, 6   saec. xii
M = Monacensis 18895   xv
Ar = Arundelianus 133 Musei Britannici   xv
u = Vat. Vrbin. 353   xv exeuntis
Mediol. O. 74 sup. chartaceus   xv

I*

VERE rosa, autumno pomis, aestate frequentor
   spicis : una mihi est horrida pestis hiemps.
nam frigus metuo, et uereor ne ligneus ignem
   hic deus ignaris praebeat agricolis.

II*

Ego haec, ego arte fabricata rustica,
ego arida, o uiator, ecce populus,
agellulum hunc sinistra et ante quem uides,
erique uillulam hortulumque pauperis
tuor malaque furis arceo manu.   5
mihi corolla picta uere ponitur,
mihi rubens arista sole feruido,
mihi uirente dulcis uua pampino,
mihi caduca oliua, cocta frigore.

Nullus titulus in B Catalepton Virgilii incipit *M* P. Virgilii Catalepton *Ar* P. V. Maronis Cathalecton Priapus loquitur *u*

I*. 1 pomis autumno *Lachmann, Lucr. p.*199   3 lintieus *B m. pr.*
4 ignaris *BM Ar Mediol.* : ignarus *u* : ignauis *De Rooy* : ingratis *Ribbeck* : *fort.* ne lectus in ignem hic deus ignauis praebear agricolis
II*. 1 ego haec] ego *om. Ar*   2 arrida *Ar*   o *om. BMAr u Med.*
urator *M*   3 agellum hunc sinistre tante *BM* : *et sic sed* stantem
pro tante *Ar et Med.*: agellulum h. sinistra tute *u; ed.* 1473 : sinistra
et ante *Hand Obseruatt. in Catull. p.* 68 : sinistra inante *W. S. Landor* :
sinister ante *L. Mueller* : *fort.* sinistra abante. *C. I. L.* VI. 2899 (*Olcott
Thes. Ling. Latin. Epigraphicae s. u.* Abante) Terrula pura abante et
dextra leuaque   4 Erique *BM*   uillam *BM Ar u Med.* : uillulam *Aldina* 1517   5 tuor *W. Wagner* : tueor *BM Ar u Med.*   ma-
lasque . . . manus *u, uulgo* : malamque . . . manum *Ribbeck*   6
corollo *B m. pr.* : corola *u*   ue reponitur *Ar* : ne repon. *M*   7
formido *M*   9 *sic scripsi*   mihi glauca oliuo duro cocta frigo
B m. pr. : mihi glauca oriua (oliua *Ar Med.*) duro frigore cocta *M Ar
Med. et sic Rehdigeranus* 125 *sed* coacta : mihique gl. duro o. f. *Muretus* :
mihique duro oliua c. f. *uel* mihique gl. o. cocta f. *W. Wagner* : mihi

meis capella delicata pascuis   10
in urbem adulta lacte portat ubera,
meisque pinguis agnus ex ouilibus
grauem domum remittit aere dexteram.
teneraque matre mugiente uaccula
deum profundit ante templa sanguinem.   15
proin, uiator, hunc deum uereberis
manumque sursum habebis : hoc tibi expedit,
parata namque trux stat ecce mentula.
'uelim pol' inquis. at pol ecce uilicus
uenit, ualente cui reuulsa bracchio   20
fit ista mentula apta claua dexterae.

III*

Hunc ego, *o* iuuenes, locum uillulamque palustrem,
tectam uimine iunceo caricisque maniplis,

caduca duro oliua f. *uir doctus in cod. IV. A* 4 *Bibl. Brancaccianae ad
Neapolin, quem credo Paulum Mercatum* (*Paolo Mercato*) *fuisse, et sic
Heyse ad Catullum, p.* 40 : m. coacta duro o. f. *Baehrens* : mihi recocta
glauca oliua frigore *Buecheler* : mihi coacta glauca o. f. *Sabbadini*   10
dedicata *M*   11 ad ulta *B*   12 meis (*om.* que) *M*   13 remittit
aere dextram *B* : *om. M Ar u Med.*   14 teneraque *B Ar u Med.* :
feneraque *M, nisi fallor* : tremensque *uir doctus in cod. Brancacciano* :
tenella *D'Orville* : tenerque ... buculus *W. Wagner* : recensque *Postgate* matre mugiente *Bu* : matrem mugientem *M Ar Med.*   uacula *BM*
15 Dum profundit ///// ante *B*   16 prohinc *Med.*   17 sursum *BM Ar u* : sorsum *Victorius*   habebis *Bu* : habebit *M Ar Med.*
18 namque] neque *Ar*   trux *Is. Vossius in appendice Catulli*   crux
uestat mentula *marg.*   ecce *B* : crux (a)estate ementula *M Ar Med.* :
crux est arte m. *u et ed.* 1473 : trux stat ecce m. *Ribbeck* : crux stat ecce
mentula *Sabbadini, ut* crux *sit i. q. supplicium. Ipse olim conieceram
'parata mene laxet ante mentula ? uelim pol' inquis.* (*Amer. J. Philology VIII. p.* 404)   19 uillicus *M Ar u Med.* : uilicus *B*   20
ualente *Scaliger* : ualenti *codd.*   cui] cum *Ar Med.*   21 fit *B* :
fuit *M Ar u Med.*
    III*. 1 Hunc ego iuuenes *B* : Hunc iuuenes *M Aru*   o *add.
Lachmann ad Propert. p.* 288   2 tectam uimine *Bu* : tecta muni-
mine *M Ar Med.*   iunceo *Bu* : iunco *Ar Med.* : uinco *M*   caricisque *Ald.* 1517 : carisque *codd.*

quercus arida rustica † formitata securi,
nutrior, magis ut magis sit beata quotannis.

huius nam domini colunt me deumque salutant   5
pauperis tuguri pater filiusque adulescens,
alter assidua colens diligentia ut herbae,
aspera ut rubus a meo sit remota sacello,
alter parua manu ferens semper munera larga.

florido mihi ponitur picta uere corolla,   10
primitus tenera uirens spica mollis arista,
luteae uiolae mihi lacteumque papauer,
pallentesque cucurbitae et suaue olentia mala,
uua pampinea rubens educata sub umbra.

sanguine hanc etiam mihi—sed tacebitis—aram   15
barbatus linit hirculus cornipesque capella.

pro quis omnia honoribus † hoc necesse Priapo est

· 3 formitata *B*, *cf. Placidus Gloss., p.* 45. 8 formitat formitibus exas-
sulat: formicata *M*, *quod tuentur W. Wagner et Sabbadini*: formata
Aru: formidata *Med.*: fomitata *Is. Voss*: fornicata *ego olim, quasi in
fornicem excauata ut Priapum intus reciperet, cf.* 'Siluane sacra semi-
cluse fraxino' *Anth. Lat.* 602 *Meyer*, 19 *Buech.*   4 nutrior *BMu*:
nutriui *Ar*: nutritur *Med.*: nutrio *Voss*: nunc tuor *Scaliger*: en
tuor *Ribbeck*   magis et magis (mḡis *M*) ut *codd. Post
secundum magis in B erasa uidetur* s: magis ut magis sit *scripsi*
5 me deumque *Ald.* 1517: mediumque *codd.*   6 adulescens *B*:
om. M Ar u Med.   7 assiduam *M*   cauens *Lucianus Mueller*:
fort. assiduam colens diligenter, *cf. Moret.* 26   8 aspera ut rubus
a *Baehrens, cf. Neue-Wagener, Formenlehr. I.* 933: asper aut rubus a
B: aspera drubusa *M*: aspera dumosa *Ar Med.*: asper ac rubus a
Ribb.[1]: ut herbae asper aut rubus a *Ribb.*[2]   sit *BM*: sint *Ar Med.*
9 manu *B*: *om. M Ar u Med.*   saepe *Schrader*   laga *B*   10
florida *B*   ponit *M Ar Med.*   pictas u. corollas *Med.*   11
primitiis et *u*: primitu et *Muretus*   12 Luttee *B*: lucea *M*   la-
cteumue *Ar*   13 pallentes (*om.* que) *Ar*: palantesque *Heinsius*
Post 14 hiberna munera desse putarunt Baehrens et Riese   15
sanguine hanc *Muretus*: sanguinea *codd.*: sanguine haec *Voss*   etiam]
et *B*: arma *codd. quod retinebat Voss*: aram *Muretus*   16 lini
circulus (hirculus *Ar*) *M Ar*   cornis/pesque *B, ut mihi uisus sum
legere*   capella *B*: capelle *MAr u Med.*   17 omnia] omnibus *M*:
mutua *Baehrens*: munera *Riese* (munia *Maehly*), *fort.* annua   hoc
codd.: sic *L. Mueller*: nunc *Buecheler*: huic *uel* tot *Ribbeck*: *fort.*
mox   Priapo est *B*: priape (*om.* est) *M Ar u Med.*

praestare et domini hortulum uineamque tueri.
quare hinc, o pueri, malas abstinete rapinas.
uicinus prope diues est neglegensque Priapus.   20
inde sumite, semita haec deinde uos feret ipsa.

CATALEPTON

I

DELIA saepe tibi uenit. sed, Tucca, uidere
   non licet: occulitur limine clausa uiri.
Delia saepe tibi, non uenit adhuc mihi: namque
   si occulitur, longe est tangere quod nequeas.
uenerit: audiui. sed iam mihi nuntius iste   5
   quid prodest? illi dicite, quoi rediit.

II

   Corinthiorum amator iste uerborum,
iste iste rhetor! namque quatenus totus

18 uineam (*om.* que) *B*   19 malas *Ar*: mala *B*: male *M*   20
diues *om. Ar*   neglegensque *B*: negligensque *M Ar u*   Priapi
Heinsius et uir doctus in Misc. Obseru. I. p. 368: Priapum *Doering*
21 semitam *omnes nostri*: semita *duo Vossiani teste Ribbeckio*
   CATALEPT. I. 1 Delia *Scaliger*: Dequa *codd.*: *fort.* Dellia   tuica *M*
2 oculitur *M Ar*   3 dequa *codd.*   saepe] *fort.* nempe   tibi non *Bu*:
non tibi *M Ar Med.*   4 oculitur *M Ar*   5 audiui *B*: aut ibi *Mu*:
aut tibi *Ar*: *fort.* ante tibi *quod etiam in mentem uenit editori Oxoniensi*
(*Parker* 1889)   iam mihi] iam iam *Curcio*   nuntius *Theogn.* 573
τί κ᾿ ἄγγελον ἄλλον ἰάλλοις;   6 quod *B*   prodæst *hoc est* prodaest *in*
prodest *mutatum B*   dicere *u*: dicito *Scaliger*: dic ita *Baehrens*
quoi *Haupt*: qui *B, quod Sabbadini pro* cui *positum ratus est*: qu(a)e
M Ar u Med. fort. uenerit ante tibi. sed iam mihi nuntius iste quid
prodest? illi dicere cui rediit *h. e. quid prodest nuntius*, (*quid prodest*)
nuntiare illi qui scit eam iam ad uirum reuersam esse? In B ante rediit
erasum est uocabulum cuius extremae litterae fuerunt it
   II. *Quintilianus* VIII. 3. 28 'multa alia etiam audentius inseri possunt, sed ita demum, si non appareat adfectatio, in quam mirifice
Vergilius "Corinthiorum—miscuit fratri"'. Cimber hic fuit a quo
fratrem necatum hoc Ciceronis dicto notatum est: Germanum Cimber

Thucydides, tyrannus Atticaest febris,
tau Gallicum min et psin et 'male illi sit'—
ista omnia ista uerba miscuit fratri.   5

III

Aspice, quem ualido subnixum gloria regno
  altius et caeli sedibus extulerat:

occidit' (Phil. XI. 6. 14). *Auson. Grammaticomast.* 5–8 (p. 139 *ed.
Schenkl*) ' Dic quid significent Catalepta Maronis. in his al Celtarum
posuit, sequitur non lucidius tau. estne peregrini uox nominis an Latii
sil ? et quod germano mixtum male letiferum min ?' *quem uersuum
ordinem Schenkl dedit, cum alium praebeant codices, nonnulli autem
5 sic conceptum habeant,* Scire uelim Catalepta legens quid signi-
ficet tau.
  1 C(Ch *B*)orinthiorum *B Ar* : Corinthearum *M Med.* : Horme-
thiorum *u* : Rhinthonicorum *Toup Opusc. Crit.* I. *p.* 400 *de uerbis
antiquis turgidis et peregrinis interpretans*   2 *om. codices Quintiliani*   h'aetor *B*   iamque *Buecheler* : (rhetor namque) *Sabbadini*
3 tuclichidydes *B* : t(th *M*)uchididis *Ar M* : tucydides *u*   tyrannus
Ar Med. : tyrannū *B* : triannum *M*   atice (attica *B*) febris *BM Ar
u* : brittannus (*uel* brittanus *uel* britanus) attice febres *Halmii codices
Quintiliani* : *fort.* Tritanus (*Plin. H. N.* VII. 81, *Solin.* I. 75, *Hist. Aug.
Firm.* 4 mente firmissimus, neruis robustissimus, ita ut Tritanum
uinceret, cuius Varro meminit   attice febris *Werlhof* : atticaest *ego*
Thucydidius prytanis *Radermacher, cf. Steph. Byz. s. u.* Θούριοι, *ubi
Herodotus uocatur* Ἰάδος ἀρχαίης ἱστορίης πρύτανις   4 thau (tau
Ar) gallicum (-gum *B* : galicum *Ar*) minet (mi et *B*) psinet (spinet
B : prosinet *Ar*) male illisit *MB Ar* : tau (*uel* tan *uel* tam) gallicum
enim et (*al.* ut) spinet (*al.* spine) male illisit (*al.* illi sit) *codices Quintiliani*, illi sit *Werlhof et Buecheler refragante Susemihlio in Hist. Litt.
Alexandrin.* II. 25   elisit *Ph. Wagner*   5 ita *BM et codd. Quintil.* :
ista *Ar u*   *Epigramma sic constituit Ph. Wagner* : Corinthiorum amator
iste uerborum Thucydides Britannus, Attice febris, Tau Gallicum,
min, al, sil ut male elisit, Ita omnia ista uerba miscuit fratri.   *Halm
sic* : C. a. i. u. Th. Britannus, Atticae febris, Tau, gallicum al, min, et sil
ut m. elisit, Ita o. i. u. m. f. *praeeunte C. Schenkl Zeitschrift f. Oesterr.
Gymn.* 1867, p. 799 ; *Baehrens sic* : uu. 1, 2 *ut Halm. u.* 3 Tau Gallicum, min et spin ut m. illisit, Ita o. i. u. m. f.   *Buecheler sic* (*Rh. Mus.*
1883, p. 507) : C. a. i. u. iste iste rhetor, iamque quatenus totus
Thucydides, tyrannus Atticae febris—Tau Gallicum, min et sphin et
' male illi sit' : ita o. i. u. m. f., *quem secuti sunt Thilo et Ribbeck ed.* 2
nisi quod hic ut male illi sit *maluit*
   III. 1 ualido *BM* : uideo *Ar u Med.*   2 c *M*   regni *M Ar Med.*

terrarum hic bello magnum concusserat orbem.

  hic reges Asiae fregerat, hic populos ;

hic graue seruitium tibi, iam tibi, Roma, ferebat   5

  (cetera namque uiri cuspide conciderant) :

cum subito in medio rerum certamine praeceps

  corruit, ex patria pulsus in exilium.

tale deae numen, tali mortalia nutu

  fallax momento temporis hora terit.   10

IV

Quocumque ire ferunt uariae nos tempora uitae,

  tangere quas terras quosque uidere homines,

dispeream, si te fuerit mihi carior alter.

  alter enim quis te dulcior esse potest,

cui iuueni ante alios diui diuumque sorores   5

  cuncta, neque indigno, Musa, dedere bona,

cuncta, quibus gaudet Phoebi chorus ipseque Phoebus ?

  doctior o quis te, Musa, fuisse potest ?

o quis te in terris loquitur iucundior uno ?

  Clio nam certe candida non loquitur.   10

---

3 terrarum hic bello magnū . . ., *dein nouo uersu*, . . . concusserat
orbem *B*   terrore hic belli *Ruhnken ad Vell.* II. 18. 3   5
tibi iam tibi *M Ar u* : tibi iam *B quo seruato* Romane *coni. Buecheler*
8 e *Ar u* : et *BM* : ec *Ribb.*[1]   9 ritu *Haupt* : motu *Baehrens*
nutu *pro datiuo interpretatus est Fiedler, idem tamen coni.* ruit *pro* dedit
10 terit *scripsi* : dedit *codd.* : premit *Ruhnken* : ferit *Baehrens* : adedit
Sabbadini
    IV. 1 quodcumque hi referunt *B* : quocumque ire ferunt *M Ar u
Med.*   2 tangere *B* : pangere *M Ar u Med.* : quoscunque *B m. pr.*
4 qui *BM Ar et sic Sabbadini* : quis *u*   5 cui iuueni *B* : cui
cum (con *Med.*) uenit *M Med.* : cum uenit (*om.* cui) *Ar*   diui
diuumque sorores *B* : diui deumque (diuumque *u*) furores *Mu* : *in
Ar Med. spatium est post* alios, *dein* que furores : clio cliusque
sorores *Heinsius*   6 Musa *Ald.* 1517 : multa *codd.*   7
phebi chorus ipseque phebus *B* : phebi ipseque phebi (phebei *Ar*)
M Ar   10 Elionam *M* : Clio tam *Casaubonus* : Pitho *Fiedler*
certe] prae te *Sabbadini*

quare illud satis est, si te permittis amari;
  nam contra ut sit amor mutuus, unde mihi?

V

  Ite hinc, inanes, ite, rhetorum ampullae,
inflata †rhoso non Achaico uerba,
et uos, Selique Tarquitique Varroque,
scholasticorum natio madens pingui,
ite hinc, inanis cymbalon iuuentutis.   5
tuque, o mearum cura, Sexte, curarum
uale, Sabine; iam ualete, formosi.
nos ad beatos uela mittimus portus,
magni petentes docta dicta Sironis,
uitamque ab omni uindicabimus cura.   10
ite hinc, Camenae, uos quoque ite saluete,

    12 nutrius *M*   unde] *Stat. Theb.* X. 861 nam iaculis caeloque
uagis spes unde sagittis?   nam causa ut sit amor mutuus, unde mihi?
Baehrens
    V. 1. iter hetorum *B* : iteret horum *M Med.*   ampulle *B* : mani-
pulle (pule *Ar Med.*) *M Ar Med.*   2 rhoŗso *B* : roso *Mu* : roseo
Chigianus et ed. 1473 : rore *Ald.* 1517, *fortasse ex* (d)hroso δρόσῳ *uti*
T. H. Warren, Magdalenensis Collegii Praefectus ratus est: om. *Ar* :
rhoso *tuitus est Buecheler Rh. Mus. a.* 1883 *pp.* 514, 5 : *conieceram*
Soso *ex Cic. Acad.* II. 4. 12, *Steph. B. s. u.* Ἀσκάλων   achaio
(*suprascr.* c) *B* : achaico *Ar Med.*   uerba *codd.* : turba *Scaliger*
3 se liquntar quinque *B* : se liquit argutique *M* : seliquit arquitique *u*
et Rehdigeranus 60   uarroque *Bu* : uarioque *M* : Selique *scripsi, quod*
probarunt Buecheler et Ribbeck 'Seli, Cati' *marg. Pithoei Epigr.* I. *p.* 77
Tarquitique *Haupt* : *num* Tetrilique? *cf. Acad. Pr.* II. 11   4 scol. *B*
nacio *BM Chig.* : uario *Ar u Med.*   5 ite hinc *cett. omissis Ar Med.*
inanis *Ald.* 1517 : in ani *B* : inani *Mu* : inane *Heinsius et sic Fiedler*
(1830)   cimbalon *B* : cibalon *M*   7 morosi *Baehrens*   9
dicta docta *B*   10 uendicabimus *Aldinae* : uindicauimus *M Ar* :
uindicamus *B Med.*   11 uos quoque iam ite (lamite *M*, limite *Ar*)
sane (seue *M Ar*) *BM Ar* : uosque limite sene *Med.* : uos quoque ite
lasciuae *Scaliger* : uos quoque ite, saluete *uel* uosque iam ite, saluete
ego. Cf. Flor. IV. 10 ite et bene ualete Romani

dulces Camenae, nam fatebimur uerum,
dulces fuistis, et tamen meas chartas
reuisitote, sed pudenter et raro

VI

Socer, beate nec tibi nec alteri,
generque Noctuine, putidum caput,
tuone nunc puella talis et tuo
stupore pressa rus abiuit? ei mihi,
ut ille uersus usquequaque pertinet :   5
'gener socerque, perdidistis omnia.'

VII

Scilicet hoc sine fraude, Vari dulcissime, dicam :
    dispeream, nisi me perdidit iste putus.
sin autem praecepta uetant me dicere, sane
    non dicam, sed me perdidit iste puer.

VI. 6 *Catull.* XXIX. 24 Socer generque perdidistis omnia.

12 fatebitur *B quod tuitus est Buecheler tamquam passiuum*   13
tamen meas *Bu* : timeas *M* : in meas *Ar Med.*
    VI. 2 noctu in prudentum *B* : noctu inpudicum   *M Ar u Med.* :
Noctuine, putidum *Aldina* 1517   capud *B*   3 tuoque *B Ar Med.* :
tuaque *M* : tuone *Scaliger*   et] heu *Scaliger* : ah *Oudendorp* : ei
Haupt   4 pressurus *B*   abibit et *B* : habitet *M Ar u Med.* :
abibit hei *Scal.* : *scripsi* abiuit *quod facilius in* abit *corrumpi poterat*
6 socer generque *codices Catulli, quem ordinem uerborum sunt qui in
epigrammatis uersum reuocauerint*   fuistis perdidistis *B, per errorem
credo pro* (ef)futuistis *quamquam contra metrum*   3-6 *Buecheler
Rh. Mus.* LIV. *p.* 4 *sic scribebat* tuoque nunc puella talis et tuo stupore pressa rus abibit, et mihi—ut ille uersus usquequaque pertinet
—gener socerque, perdidistis omnia
    VII. 2 pothus *BM* : potus *Ar u Sabbadini* : putus *Scaliger reclamante
Burmanno A. L.* I. *p.* 675 : πόθος *Spiro Sentent. Controu.* x *in dissert.
de Phoenissis Euripidis*   3 autem] artis *Heyne*

VIII

Villula, quae Sironis eras, et pauper agelle,
    uerum illi domino tu quoque diuitiae,
me tibi et hos una mecum, quos semper amaui,
    si quid de patria tristius audiero,
commendo, in primisque patrem. tu nunc eris illi,   5
    Mantua quod fuerat quodque Cremona prius.

IX

Pauca mihi, niueo sed non incognita Phoebo,
    pauca mihi doctae dicite Pegasides.
uictor adest, magni magnum decus ecce triumphi,
    uictor, qua terrae quaque patent maria,
horrida barbaricae portans insignia pugnae,   5
    magnus ut Oenides utque superbus Eryx;
nec minus idcirco uestros expromere cantus
    maximus et sanctos dignus inire choros.
hoc itaque insuetis iactor magis, optime, curis,
    quid de te possim scribere quidue tibi.   10
namque (fatebor enim) quae maxima deterrendi
    debuit, hortandi maxima causa fuit.
pauca tua in nostras uenerunt carmina chartas,

VIII. 2 tum *Schrader*   4 tricius *Ar*   5 *Cic. Fam.* XIII. 68
'Curabo inprimisque tuebor patrem tuum' *ib.* 30 'Omnia eius tibi
commendo inprimisque ipsum uirum'   in primisque *Ald.* 1517 :
primisque *codd.*   6 cremon/a *B*
    IX. 1 incognita] ignita *B*   3 uictor adest *B* : uictoria est
M Ar u Med.   -triumpho *Mu*   4 qu/aque *B*, *prius fuerat*
quaaque   5 barbarie *Ar*   6 et *Mu*   oenides *B* : eonides
Ar Med. : eucides *M* : Alcides *Delrio* : Aenides *h. e. Cyzicus* (*Ap.
Rh.* I. 942-952) *Hertzberg* : *fort.* Aegides *h. e. Theseus*   7 id
circo *Ar*   nostros *u* : festos *Maehly*   10 quod *Ar Med.*
quidue] quod ue *Ar*

carmina cum lingua, tum sale Cecropio,
carmina, quae Phrygium, saeclis accepta futuris,   15
   carmina, quae Pylium uincere digna senem.
molliter hic uiridi patulae sub tegmine quercus
   Moeris pastores et Meliboeus erant,
dulcia iactantes alterno carmina uersu,
   qualia Trinacriae doctus amat iuuenis.   20
certatim ornabant omnes heroida diui,
   certatim diuae munere quoque suo.
felicem ante alias o te scriptore puellam !
   altera non fama dixerit esse prior :
non illa, Hesperidum ni munere capta fuisset,   25
   quae uolucrem cursu uicerat Hippomenen ;
candida cycneo non edita Tyndaris ouo,
   non supero fulgens Cassiopea polo,
non defensa diu † multum certamine equorum
   optabant † grauidae quod sibi quaeque manus †,   30
saepe animam generi pro qua pater impius hausit,

15 *om. BM sed in marg. superiore ascriptum habet B manu eiusdem fortasse saeculi*   prciū *B*   pilium *Ar* : pylium *M* : Phrygium *Heinsius et Markland* : Pylium *retinuit Ribbeck*   16 que *Ar* : qd *B, eraso compendio scripturae supra* q : sed *u et Rehdigeranus* 60 : *om. M Med.* : *ego sed uindicaui in Americ. Journ. Philology* VIII. *p.* 7   17 hic *Ald.* 1534 : huic *B Ar u Med.* : hinc *M*   tecmine *B*   18 melibous *B* : melibeis *M*   21 he(e *M*)roida *BMu* : epiredia *Ar* diue. (*sic*) *B* : diue *M Ar*   22 quoque *B, Buecheler* : queque *M Ar u*   23 alias *B et corr. Rehdigerani* 60 : alios *M Ar u Med.*   o te *B* : tot *M* : tanto *Ar u Med.*   24 altera non *Scaliger* : alter non *BM Ar* : alterno *u*   fama *B* : famam *M Ar u*   esse *B, Muncker ad Hyg. Fab.* 185 : esse *marg.* ipse *u* : ipse *M Ar Med.* : altera nam fama uix erit estue prior *Ph. Wagner duce Salmasio*   25 ni *Bu* : in *M Ar Med.*   26 uocrem *B*   hippomenem *M* : ypomanem *Ar*   27 cicneo *B*   28 cassiapea *B sed* o *super* a   29 multum *codd.* : uolucrum *Ald.* 1534 : et multum *Sabbadini*   equorum *Ar* : quorum *B M Med.*   30 *sic codd.*   Graiae *Ald.* 1534 : auide *Baehrens* quod] qđ *B* : quam *ed.* 1473, *Tollius*   manus] nurum *Tollius, et sic permutata uerba inueni in cod. Diuionensi Ouidianae Ibidis* 178. *Sed uidetur poeta idem uelle quod est in Cir.* 412 'Certatim ex omni pctiit quam Graecia regno'   31 ipsius *M Ar Med.*

saepe rubrae similis sanguine fluxit humus ;
regia non Semele, non Inachis Acrisione,
    immiti expertae fulmine et imbre Iouem ;
non cuius raptu pulsi liquere penatis   35
    Tarquinii patrios, filius atque pater,
illo quo primum dominatus Roma superbos
    mutauit placidis tempore consulibus.
multa neque immeritis donauit praemia alumnis,
    praemia Messallis maxima Publicolis.   40
nam quid ego immensi memorem studia ista laboris ?
    horrida quid durae tempora militiae ?
castra foro *toties*, urbi praeponere castra,
    tam procul haec gnato, tam procul haec patria ?
immoderata pati iam sidera, iamque calores ?   45
    sternere uel dura posse super silice ?
saepe trucem aduerso perlabi sidere pontum ?
    saepe mare audendo uincere, saepe hiemem ?
saepe etiam densos immittere corpus in hostis,
    communem belli nec meminisse deum ?   50
nunc celeres Afros, periurae milia gentis,

32 rubrae *scripsi* : rubro *codd.*   similis *codd.* : pinguis *Baehrens* :
immitis *Sabbadini* : Eleis *uulgo*   33 *sic B, ceteri codices uersum non
habent praeter initialem* R, *habet Aldina* 1517   34 inmiti *B* : inuiti
Ar : inmitti *M* : inmitem *editor Oxoniensis (Parker* 1889)   expertae
Scaliger : expectat *B* : expectant *M Ar u Med.*   35 cuius ob
raptum *B, Meyer (Anth. Lat.* I. *p.* 47) : ob cuius (cuus *Med.*) raptum
(-tim *Med.*) *M Med.* : obuius raptim *Ar*   36 Tarquiniique *B* :
Tarquini *Ar u*   38 tempore *Ald.* 1517 : tempora *codd.*   40
plublicolis *B*   43 castra foro castra *B* : f. solitos *M Ar Med.* :
f. solitis *u, ed.* 1473 : foro te castra *Buecheler* : f. toties *scripsi*   urbe *B* :
ubi *Ar*   44 hoc gnato *B* : hoc nato *Ar Med.* : ac irato *M* : a nato
Francius : hoc Latio *Wernicke* : hac *B Ar Med.* : ac *M*   haec . . .
haec *scripsi*   45 pati iam *B* : patriam *M Med.* : patri iam *u*, pati
nunc *Ar*   sidera] frigora *Ald.* 1517, *uulgo*   nuncque *Ar*   colores
B¹, M   46 sternere *codd. quod reuocarunt Wagner et Buecheler* :
stertere *Ald.* 1534 *uulgo*   47 perlabi *Ald.* 1517 : perlabens *codd.* :
perlapsos *Baehrens*   sidera *B*   48 mare audendo *B* : audendo
mare *M Ar Med.*   50 nec *Ald.* 1517 : non *codd.*   meminisse *BM* :
                                    u
metuisse *Tollius* : timuisse *Ar*   51 affros *Ar*   p̄ niriç (*sic*) *B* : periure
M : periuria *Ar Med.* : perituraque m. gentis *Ald.* 1534 : per rura et

CATALEPTON

aurea nunc rapidi flumina adire Tagi?
nunc aliam ex alia bellando quaerere gentem,
uincere et Oceani finibus ulterius?
non nostrum est tantas, non, inquam, attingere laudes 55
quin ausim hoc etiam dicere, uix hominum est.
ipsa haec, ipsa ferent rerum monumenta per orbem,
ipsa sibi egregium facta decus parient.
nos ea, quae tecum finxerunt carmina diui,
Cynthius et Musae, Bacchus et Aglaie, 60
si laude aspirare humilis et adire Cyrenas,
si patrio Graios carmine adire sales
possumus, optatis plus iam procedimus ipsis.
hoc satis est; pingui nil mihi cum populo.

X

Sabinus ille, quem uidetis, hospites,
ait fuisse mulio celerrimus,
neque ullius uolantis impetum cisi
nequisse praeterire, siue Mantuam
opus foret uolare siue Brixiam. 5
et hoc negat Tryphonis aemuli domum

ouilia agentes *Hertzberg*   52 adiret agi *BM*   54 uiribus
finibus *M*   55 *sic B* : non nostrum tantas inquam est *M Ar
Med.*   56 ausum *corr. in* ausim *Ar* : hausum *M*   57 ferunt *B* :
ferent *M Ar u*   60 musa *BM*   egiale *B Ar u* : egile *M* :
Aglaie *Ald.* 1534   61 laude *Baehrens* : laudem *codd.* : laudum *ed.
Zarotti* 1482   aspirare *B* : aspirarem *M* : aspirem *Ar u Med.*   et
Is. Voss : sed *M Ar u Med.* : si *B quod retinuerunt Haupt, Ribbeck,
Baehrens, Buecheler*   adire *Bu Med.* : audire *M Ar* : ambire *Burmannus* : haurire *Baehrens*   cirenas *B*   *fort.* si laude aspirante
humilis sit adire Cyrenas (sit *Wakker*)   62 *sic Ar u Med.*   patrie *M*
adires ales *B*   adire] habere *Wakker*   63 oppatis *B*   64 Hec
M   satis est *codd.* : sat erit *Baehrens*
　X. 1 quidem *pro* quem *B*   2 mulio *Ald.* 1517 : multo *codd.*
3 ullus *M Ar u Med.* : illius *B*   4 praeter ire *B*   6 et *Scaliger* : neque *codd. quod potest uerum esse, siue ut significetur
'neque hoc dicit negare,' cf. Scriuerii Anecd. p. 71, siue gloriari*

negare nobilem insulamue Caeruli,
ubi iste post Sabinus ante Quintio
bidente dicit attodisse forcipe
comata colla, ne Cytorio iugo   10
premente dura uulnus ederet iuba.
Cremona frigida et lutosa Gallia,
tibi haec fuisse et esse cognitissima
ait Sabinus: ultima ex origine
tua stetisse dicit in uoragine,   15
tua in palude deposisse sarcinas,
et inde tot per orbitosa milia
iugum tulisse, laeua siue dextera
strigare mula siue utrumque coeperat

      20

neque ulla uota semitalibus deis
sibi esse facta, praeter hoc nouissimum,
paterna lora proximumque pectinem.
sed haec prius fuere: nunc eburnea
sedetque sede seque dedicat tibi,   25
gemelle Castor et gemelle Castoris.

se quod Tryphonis domus id infitietur, quippe aemuli nec paris
typhonis *B*   domum *Salmasius*: domus *codd.*   8 quincio
(*altera* c *suprascr.*) *B*   9 dicet *Ar*   attodisse *B*: a ton-
disse *M*: attendisse *Ar Med.*: attotonse *Liuineius, Haupt*: attodisse *Scaliger et Buecheler Rh. Mus.* XXXVII. *p.* 528   forcipe
BM: forfice *Heyne*   10 ne quid orion *B*: nequis torion *M Ar*:
nequis. orion *Rehd.* 60, *et sic sine puncto u*: ne Cytorio *Maehly,
Sabbadini, Curcio*: ne qua sordidum *Ald.* 1517: ne quod horridum
Haupt: ne qua torridum *ego olim*   12 frigidat *B*   13 cog(ng
M)notissima *M Ar*   15 ultima *pro* dicit *codd.*   num se
autumat?   16 pulude *B*   deposisse *Scaliger*: deposuisse *B Ar u
Med.*: deo posuisse *M*   17 it inde *M*: timde *Ar*   tot] tona
Ar et Rehd. 125   19 mulas *codd.*: mula *ed. Zarotti* 1482
utrumque *codd.*: utrimque *Heinsius*: utraque *Francius. Excidit
uersus ut ex Catull.* IV. 21 *patet*   21 uota] nocte *M*: nota *Ar
Med.*   22 tibi *codd.*: sibi *Ald.* 1517   facta] sancta (-e *Ar*)
codd.   praeter *B*: propter *M Ar u Med.*   23 buxinumque
Salmasius   25 set et que sedes eque *BM*

XI

Quis deus, Octaui, te nobis abstulit? an quae
    dicunt, a, nimio pocula dura mero?
'uobiscum, si est culpa, bibi. sua quemque sequuntur
    fata: quid immeriti crimen habent cyathi?'
scripta quidem tua nos multum mirabimur et te   5
    raptum et Romanam flebimus historiam,
sed tu nullus eris. peruersi dicite manes,
    hunc superesse patri quae fuit inuidia?

XI. *Anth. P.* VII. 725 *Stadtmueller*

Αἴνιε, καὶ σὺ γὰρ ὧδε, Μενέκρατες, οὐκ ἐπὶ πουλὺ
    ἦσθα. τί σε, ξείνων λῷστε, κατειργάσατο;
ἦ ῥα τὸ καὶ Κένταυρον; Β. ὅ μοι πεπρωμένος ὕπνος
    ἦλθεν· ὁ δὲ τλήμων οἶνος ἔχει πρόφασιν.

XI. *Sic ordinabat Scaliger*: 1, 2, 5-6, 7-8, 3-4, *uu.* 7-8, 3, 4 *sic scribebat* peruersi dicite manes hunc superesse patri quod fuit inuidia uobis: si culpa est bilis, s. q. s. fata, quid i. c. h. cyathi?

  1 Octaui *B*: optauit *Ar u M Med.* anque *BM*   2 dicunt *BM*: dicuntur *Ar Med.* animi *B*: animo *M Ar Med.*: a nimio *u* ducta *Heinsius*: dira *Oudendorp et Henry Aeneideorum* I. 583: *fort.* an quae dicunt? an nimio p. d. m.? *nam* quae dicunt *ad amoris potius infamiam referendum uidetur* 3 uobiscum (nob. *M*) si (sic *Ar*) est culpabile (-li *M Ar*, -lis *u*) *BM Ar u*: uobiscum, si est culpa, bibi *Haupt, Opusc.* II. 146 *ubi, praeeunte Dobraeo Aduers.* II. 9, *ex epigrammate Graeco A. P.* VII. 725, *docet uu.* 3, 4 *respondentis esse Octauii* mortis si culpa est bilis *Fr. Iacobs* *Ego sic scribendos reor* uobiscum si est culpa, uiri, sua quemque secuntur fata, quid κτλ. *h. e. si communis mihi* uobiscum *est culpa, o* uiri (sc. *ex amore aliquo contracta*), *si suo quisque fato obnoxius est, quid immerito accusor tamquam nimius uini perierim?*   4 fata *Ar Med.*: facta *BM u*   5 *Post quidem uidetur erasum et in B*   7 set tuinulus *B*: sed tu nullus *M Ar u*: sed tu mutus *Baehrens*   8 hunc *B*: nunc *M Ar u* que *B*: quod *M Ar Med.*: quot *u.* Post hunc *u.* Baehrens *reuocauit uersus quattuor* Callide mage sub hec celi est iniuria secli, *qui in codicibus post* XIII. 16 *leguntur*

XII

Superbe Noctuine, putidum caput,
datur tibi puella, quam petis, datur;
datur, superbe Noctuine, quam petis.
sed, o superbe Noctuine, non uides
duas habere filias Atilium,   5
duas, et hanc et alteram, tibi dari.
adeste nunc, adeste : ducit, ut decet,
superbus ecce Noctuinus hirneam.
Talasio, Talasio, Talasio !

XIII

Iacere me, quod alta non possim, putas,
    ut ante, uectari freta,
nec ferre durum frigus aut aestum pati
    neque arma uictoris sequi?
ualent, ualent mihi ira et antiquus furor   5
    et lingua, qua mas sim tibi,
et prostitutae turpe contubernium

XII. 1 Noctuine puditum *B* : noctu repudicum (-tum *Ar Med.*)
M Ar Med. : recutitum *Neapolitanus et sic Is. Voss ad Catull. p.* 71
capud *B*   2 *hic desinunt u et Rehd.* 60   3 noctui nam *M Ar
Med.*   4 0 *om. M Ar. Med.*   noctui ne non *BM* : noctui nonne
Ar Med.   6 duas *Ald.* 1517 : *om. codd.*   7 dicit *supra lineam*
B : ducit *cett.*   8 nocturnus *M Ar Med.*   hirneam *B* : hiernam
M : ymeam *Ar* : herniam *Scaliger*   9 talasio (thalassio *B*) *bis*
codd.   *Ter scribendum fuisse docet Marius Victorinus p.* 137. 24K.
Repetitum ter haud aliter quam ut aiunt fecisse Vergilium nostrum
iambico epigrammate : thalassio thalassio thalassio.
XIII. 1 me *B* : *om. M Ar Med.*   alta *B* : alto *M Ar Med.*   4 nec quod
pro neque *M*   5 ira et *Ald.* 1517 : irate *B* : re et *M Ar Med.* : irae et
Burmannus fortasse uerius   6 qua adsim (assim *B*) *BM Ar* : qua
adsiem *Ph. Wagner* : qua sat sim *Scaliger* : qua haud desim *Salmasius* : qua iam adsim *Oudendorp* : quis adsim *Iahn* : qua adsignem
Buecheler : qua adsultem *Ribbeck* : quam adsim *ed.* 1482 : *scripsi* qua
mas sim   7 et] ei *Scriuerius* : en *Heinsius* : per *Ribbeck* : ad *Sabbadini*   prostitute *B* : prestite *M Ar Med.*

sororis. o quid me incitas?

quid, impudice et improbande Caesari,

   si furta dicantur tua,   10

et helluato sera patrimonio

   in fratre parsimonia,

uel acta puero cum uiris conuiuia,

   udaeque per somnum nates,

et inscio repente clamatum insuper   15

   Talasio, Talasio?

quid palluisti, femina? an ioci dolent?

   an facta cognoscis tua?

non me uocabis pulchra per Cotyttia

   ad feriatos fascinos,   20

nec dein mouere lumbulos in caltula

   prensis uidebo altaribus,

flauumque propter Thybrim olentis nauticum

8 o *om. M Ar Med.*   9 et *om. M*   Caesari *Rehd.* 125 : esaris *M* : cesaris *B Med.* : cesar *Ar*   10 si *Scriuerius* : seu *B* : sed *M Ar Med.*   11 helluato *Ald.* 1517 : helle uato *B* : eleuato *M* : leuato *Ar Med.*   12 infrate *B*   parsimonia] *Auctor de generibus nominum p.* 93 *in Hauptii Grattio* Parsimonia generis feminini. Sed Virgilius parsimonium tempus sibi dixit, *quem locum huc rettulit P. de Winterfeld Philol.* LV. *p.* 189   13 conuiuia *B* : com(mm *Med.*)unia *Ar Med.*   14 udeque *B m. pr. corr. in* udeque (*suprascr.* a) : ut deque *M*   15 super *ed.* 1482 *fortasse uere* 16 thassalio *bis B m. pr.* : talasio *bis Ar* : talesio *bis M.* *Post hunc u. M Ar Med. Rehd.* 125 *habent quattuor uersus quos in fine tamquam nouum epigramma apposui : in B non leguntur*   17 an *om. B* 19 non me *B* : nonne *M Ar Med.*   pulchra] spurca *Haupt*   cocttia *B* : cocytia *Ar Med.* : cotyttia *Ald.* 1517   21 nec (haec *Ar,* ne *M*) deinde te (deinte *M, om. Ar Med.*) mouere lumbos in ratulam (rotulam *M Ar Med.*) *B M Ar Med.* : lumbulos in caltula *Ribbeck quod uerum habeo. Sic* catulas *pro eo quod est* caltulas *inueni in Adami Balsamiensis opusculo ' Phale tolum ' (Bodl. MS. Rawl. G.* 99 *p.* 153)   in zonulam *ego olim*   nec deinde te mouere lumbos in stola *Buecheler* : nec deinde lumbos te mouere in caculam *Sabbadini*   b 22 uidebo *Ar* : uide o *B* : uideo *M*   alaribus *Scaliger*   23 flauumque propter hebrin et (tibimet *M,* tibi met *Ar Med.*) olentis n. *codd.*   Tybrim *Ald.* 1517 : *cf. Cic. de Har. Resp.* 59 quae nauis umquam in flumine publico tam uulgata omnibus quam

uocare, ubi adpulsae rates
stant in uadis caeno retentae sordido,   25
    macraque luctantes aqua ;
neque in culinam et uncta compitalia
    dapesque duces sordidas,
quibus repletus ut saliuosis †aquis
    obesam ad uxorem redis,   30
exaestuantes dote soluis pantices,
    os crusque lambis sauiis.
nunc laede, nunc lacesse, si quicquam uales !
    et nomen ascribo tuum.
cinaede Luci, iamne te liquere opes,   35
    fameque genuini crepant ?
uidebo habentem praeter ignauos nihil
    fratres et iratum Iouem,
scissumque uentrem et hirneosi patrui
    pedes inedia turgidos.   40

istius aetas fuit ? *An scribendum* flauaque opertum nebride (*Stat. S.*
I. 2. 226), *quamquam apud plerosque* e *longa inuenitur*   24
ubi] tibi *B*   25 caeno r. s. stant in u. *L. Mueller*   26
luctantis *M*   27 cuncta *B*   28 dulcis *M Ar Med.* : dulcis
B : duces *Scriuerius*   29 ut] ac *Sabbadini*   saliuosis *B* :
salmosis *M* : salinosis *Ar Med.*   aquis *codd.* : sacris *Ph. Wagner* :
labris *Haupt* : aquis *poterit ex eis defendi quae P. Petitus disseruit
Misc. Obs.* II. 2 : sapis *Sabbadini* (*abl. plur.*) : *num* cauis (*sc. dentium*) ?
30 obessam *M*   ad *om. M*   31 exaest. *scripsi* : et est.
codd.   dote *M Ar Med.* : docte *B* : nocte *Scaliger* : cole *Hertzberg*
soluis] saluis *M* : soluens *Hertzberg*   pantices *suprascriptum
in B, eraso quod prius in textu fuerat*   32 osiculisque blandis (*et super
deletum hoc* lābis) suauis *B* : osusque libissa iuis *M* : hossusque labissavs
Ar, sed super v, *quae prius* a *uidetur fuisse, altera* v *scripta est* :
ossusque labissanus *Med. et Rehd.* 125 : os usque *Scaliger* : olusque
Coluius ad Apuleium p. 29 : quos usque *Sabbadini* : os crusque *scripsi*
33 hunc *Ar*   34 ascribo *M Ar* : adscr. *B*   35 cine delucci
iam te liquerunt o. *B* : cinae dulcissimā et liquere o. *M* : cune dulcissima *ceteris omissis Ar* : cinaede Luci an (en *Scriuerius*) te reliquerunt
opes ? *Ald.* 1517, *uulgo* : c. Lucei, iamne licuerunt o. *Baehrens* :
iamne te liquere o. ? *ego* : c. Luciene liquerunt o. ? *Buecheler, Ribb.*[2] :
c. Luccei, iamne liquerunt o. ? *Sabbadini*   36 fame *om. Ar in quo*
que genium crepant *post* cune dulcissima *in eodem uersu scriptum est,
addito in marg.* deficit unus   genium *M Ar Med.*   37 propter
Ar Med   39 hirneosi *B* : hirrcosi (? hirreosi) *M* : hircosi *Ar Med.*

XIII *a*

Palladis arce sub hac Itali est iniuria saecli,
    antiquis hospes non minor ingeniis,
et quo Roma uiro doctis certaret Athenis ;
    ferrea sed nulli uincere fata datur.

XIV

Si mihi susceptum fuerit decurrere munus,
    o Paphon, o sedes quae colis Idalias.
Troius Aeneas Romana per oppida digno
    iam tandem ut tecum carmine uectus eat :
non ego ture modo aut picta tua templa tabella   5
    ornabo et puris serta feram manibus ;
corniger hos aries humilis, sed maxima, taurus,
    uictima sacratos sparget honore focos,
marmoreusque tibi caput, ignicolorius alas,
    in morem picta stabit Amor pharetra.   10
adsis, o Cytherea : tuus te Caesar Olympo
    et Surrentini litoris ara uocat.

XIII*a. Hoc epigramma in M Ar Med. Rehd.* 125 *post* XIII. 16
legitur, abest a B. Baehrens id Catalept. XI *subnexuit, u.* 1 *sic scripsit*
Palladi magna suae uisa est i. sedis.

1 Callide (Allide *Rehd.*) mage sub hec c(a)eli (teli *Ar*) est iniuria
s(a)ecli *M Ar Med. Rehd.* : Crudelis magis hac quaenam est iniuria
saecli *Ribbeck ed.* 1, *p.* 49. Pallida mole sub hac celauit membra
Secundus *Riese A. L.²* 776 : incuria *Ziehen. Quod edidi a me est : pro*
caeli est *etiam* celare *reponi poterat et* cubans *pro* sub hac.   4
terrea *M*

XIV. 1 susceptum *Ald.* 1517 *et margo Med.* : suspectum *B Ar
Med.* : suspectam *M*   2 que *B* : qui *M Ar Med.*   4 eat *B* : erat
M Ar Med.   5 pacta *Dan. Heinsius in ed. Elzeuir.* 1636   7 hos
aries humil(d *Ar*)is et *BM Ar Med.*   maxima *B* : maxime *Ar Med.* :
maximus *M* : corn. haut a. humilis, set maxima t. *Burmannus* :
humilis *Buecheler pro accusatiuo habuit. Mihi opponi uidentur
humilis uictima aries, taurus maxima : ambos tamen se uouet sacrifi-
caturum*   8 sacrato *Heinsius*   sparget *Ar Med.* : spargit *BM*
9 marmoreos(-as *Ar*)que tibi aut mille (nulle *M,* digne *Ar et Rehd.*
125) coloribus ales *BM Ar Med. Rehd.* 125 : m. tibi, dea, uersicolo-
ribus alis *Heinsius* : marmoreisque tibi siue ignicoloribus *Scriuerius
Anecd. p.* 32 : caput ignicoloribus alis *uel* ignicolorius alas *ego* : ceu
mille c. ales *Sabbadini*   11 assis *B*   12 ara *BM Buecheler,*
Sonntag : ora *Ar Med.*

XIV *a*

Vate Syracosio qui dulcior, Hesiodoque
  maior, Homereo non minor ore fuit,
illius haec quoque sunt diuini elementa poetae
  et rudis in uario carmine Calliope.

XIV *a*. *Cohaeret cum* XIV. 12 *in* B *Ar* M *Med*.
  1 uates sira scosio *B* : sir(yr *M*)acusio *Ar* M *Med*.   2 minore
B   3 sint *M*   po^eta *B*   4 Nec rudis *Birt*   caliope *M*

SIGLA CODICVM

$\Big\{$ B = Bembinus, Vat. 3252   saec. ix $\Big\}$
$\ \ F$ = Bodl. Auct. F. I. 17   xiv

Bas. = Basilicanus, H. 36 Archiui S. Petri in urbe Roma.
         Huius collationem a se factam misit ad me
         Fr. Ehrle, Soc. Ies.   x

M = Montepessulanus 212 (École de Médecine) qui
         post Persii Satiras habet carmen de Est et
         Non. Huius uu. 1–16 Chatelainius arte helio-
         typica expressos edidit in Palaeographiae
         Scriptorum Latinorum fasciculo xii, n. 122.
         Reliquos 17–25 exscripsit ex codice misit-
         que ad me Bonnetus, uir clarissimus   ix–x

S = Stabulense fragmentum, Paris 17,177   xi
Σ = Paris. 13026 (fol. 84^v)   ix–x
Γ = Harl. 2534   xiii
d = Digbianus 100   xiv

Est et Non cuncti monosyllaba nota frequentant.
his demptis nihil est hominum quod sermo uolutet.
omnia in his et ab his sunt omnia, siue negoti
siue oti quicquam est, seu turbida siue quieta.
alterutro pariter nonnumquam, saepe seorsis   5
obsistunt studiis, ut mores ingeniumque
et facilis uel difficilis contentio nata est.
si consentitur, mora nulla, interuenit ' Est, est '.
sin controuersum, dissensio subiciet ' Non '.
hinc fora dissultant clamoribus, hinc furiosi   10
iurgia sunt circi, cuneati hinc tanta theatri
seditio et talis agitat quoque curia lites.
coniugia et nati cum patribus ista quietis
uerba serunt studiis, salua pietate loquentes.

PVBLII VIRGILII MARONIS COPA FINIT˙ VERSICVLI EIVSDĒ MARONIS
DE EST · ET · NON INC. IP̄ B   Publii Virgilii Maronis de est et non
incipiunt F   FINIT MORETVM VIRḠ MARON̄ INCIPIVNT VERS EIVSDĒ
VIRG DE EST ET NON S   VERSVS PRISCIANI ELOQVENTISSIMI DE EST
ET NON Bas.   VERSVS PRISCIANI ELOQVENTISSIMI. DE EST. ET. NON.
INCP̄ M   NAY KAY OY PITAGORICON *Vossianus* III   Incipit de
pythagoricis diffinitionibus NAIKEOY *Sangallensis* 899.   *Nullus titulus*
in Σ (*Paris.* 13026)

  2 nihil *BSΣ Bas.* : nichil *M*   quod *SM Bas.* : quo *BΣ* 3   et *deletum
in Bas.*   omnia *post* sunt *om. BΓ*   negotii *MSΣ*   4 oti *B Bas.* :
otii *M* : ocii *SΓ* : totii .*Σ*   quieta *B et Bas. m. pr.* : quietis *Bas. m. sec.*
MSΣFΓ   *uu.* 1-4 *sic ordinati sunt in Bas.* 1, 3, 4, 2, *eundem ordinem
secutus est Ribbeck*   5 alter utro *B*   non umquam *BΣ* : nonnumquam
Bas. M   seorsis *BFSΣ Bas. m. pr.* : seorsum *M, Bas. corr.*   6 ut
mores i. *BF Bas.¹ S* : studiores i. *M* : *in Bas.* ut mores *inducto suprascriptum est* studiores   7 et *BMSΣΓ Bas.* : ut *nondum correctus Bas.*,
Bondam   faciles uel difficiles *SΓd B m. pr. sed serius* i i *suprascriptis*
dificilis *Σ*   nata est *MΣΓ, hic quidem add.* uel nacta est : nacta
(nancta (*FSd*) est *BFSd* : natta est *Bas.*   8 interuenit est est
BS, et nondum correctus Bas. : interuenit est *Σ* : interueniens est *M
et correctus Bas.*   9 sin *BS Bas. m. pr.* : in *MΣ et correctus
Bas.*   contro uersum *B*   subiciet *M Bas.* : subiicet *B*   10
foras *M Bas.*   11 tanta *Bas.¹* : l(a)eta *cett. et corr. Bas.* : lata
Sedlmayer   12 tales *codd.*   /letes *S m. pr., dein* /lites : lites *cett.*
14 loquentes *Bas.¹d* : loquentis *cett. et corr. Bas.*

hinc etiam placidis schola consona disciplinis   15
dogmaticas agitat lento certamine lites.
hinc omnis certat dialectica turba sophorum.
lux est. estne dies ergo? non conuenit istuc.
nam facibus multis aut fulguribus quotiens lux
est nocturna homini, non est lux ista diei.   20
'Est' et 'Non' igitur quotiens lucem esse fatendum est,
sed non esse diem. mille hinc certamina surgunt.
hinc rauci multi, qui talia commeditantes
murmure concluso rabiosa silentia rodunt.
qualis uita hominum, duo quam monosyllaba uersant! 25

---

15 placitis *Vossianus* 96 *saec.* xv, *Riese*   schola *Bas.*[1]: scola *corr.*
Bas. MΓ*d*: cola Σ   16 docm. *M et corr. Bas.*: dagm. Σ   lento
Bas.[1]: placido *corr. Bas.* MΣ*d*Γ: placito *S*: multo *Riese*   18 lux
est. estne dies ergo? *Bas.*[1]: Estne dies? est ergo dies *BMS et*
corr. Bas.: estne dies est. ergo dies Σ*d*   istuc *Bas.*: istic
*B*MΣΓ: ista *S*   19 fulguribus *Bas.*[1]: fulgoribus *BMSΣd et*
corr. Bas.: fulgoribus aut *Paris.* 7936 *saec.* xiii–xiv   21 est *post*
fatendum *om. BSΓd*   23 rauci *Bas.*[1]: pauci *corr. Bas. BMSΓd*
Hinc multi multi Σ   'Pauci *sunt homines docti*, multi *plebs indocta*'
Riese   Ribbeckium sequor   qui *Bas.*[1] *suprascr.* quoque: quoque *BMSΓd*: quoquę̣ Σ   commeditantes *B Bas.*[1]: commemorentur
dein commemerantur *corr. Bas.*   24 m/urmure *B*   concluse *BS*

PVBLII VIRGILII MARONIS VERSICVLI DE EST ET NON FINIVNT VERSI-
CVLI EIVSDEM PVBLII DE INSTITVTIONE VIRI BONI *B*   Explicit egloga
scrip *Sangallensis* 899   *Nulla subscriptio in MS*Σ *Bas.*

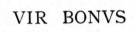

VIR BONVS

SIGLA CODICVM

{ B = Bembinus, Vat. 3252   saec. ix }
{ F = Bodl. Auct. F. I. 17   xiv }
  S = Stabulense fragmentum, Paris. 17,177   xi
  Γ = Harl. 2534   xiii
  d = Bodl. Digb. 100   xiv

VIR bonus et sapiens, qualem uix repperit unum
milibus e cunctis hominum consultus Apollo,
iudex ipse sui totum se explorat ad unguem,
quid proceres, uanique leuis quid opinio uulgi,
securus, mundi instar habens, teres atque rotundus,   5
externae ne quid labis per leuia sidat.

ille diem quam longus erit sub sidere Cancri,
quantaque nox tropico se porrigit in Capricorno,
cogitat et iusto trutinae se examine pendit,
ne quid hiet, ne quid protuberet, angulus aequis   10
partibus ut coeat, nil ut deliret amussis,
sit solidum quodcumque subest nec inania subtus
[indicet admotus digitis pellentibus ictus],
non prius in dulcem declinans lumina somnum
omnia quam longi reputauerit acta diei.   15

quo praetergressus, quid gestum in tempore, quid non.
cur isti facto decus afuit aut ratio illi?

quid mihi praeteritum, cur haec sententia sedit

Publii Virgilii Maronis uersiculi de institutione uiri boni incipiunt *F*
INCIPIVNT VERS VIRGILII DE INSTITVTIONE VIRI BONI *S*   DE VIRO BONO.
PYTAGORICE ATIOACIC (ΑΚΡΟΑΣΙΣ *Scaliger*) Vossianus 111 *saec.* ix

4 leuis] ferat *Bembus   Post* 4 *lacunam statuunt Ribbeck Riese
Schenkl*   5 serus *S*   7 quam *FΓd*: quem *BS*   erat
S   9 pendet *S*: pendit (e *suprascr.*) Γ   10 hi/et *B*:
hi et *F*   proturberet *B*: proturbet et Γ   11 deleret *BF*
amus sis *S*: amusis Γ *m. pr.*   12 subtus *BFSΓd*: subter *Vossianus* 111 *et Sangallensis* 899   13 *abest a meis codicibus omnibus,
sed praestatur a Vossiano* 111 *et marg. B, in quo sic legitur scriptus multo
recentiore manu* Indicet admet⁻ digitis pollentibus ictus   hictus
Vossianus 111   14 declinans *F*: declinatus *B m. pr.*: declinatis
                                                                    i
S et corr. B: declinat Γ: declinet *d*   15 longe *F*   16
quo *BFSΓd*: qua *Vinetus et sic Schier* (1750) *ad* ἔπη χρυσᾶ 42 (p. 142
ed. Boissonadianae, 1823) πῆ παρέβην; τί δ' ἔρεξα; τί μοι δέον οὐκ ἐτε-
λέσθη; *At* ποῖ παρέβην *traditum esse apud Suidam testis est idem Schier,
p.* 9   17 decusa sit *BF*: decus afuit *S*: d. affuit uel abfuit Γ

quam melius mutare fuit? miseratus egentem
cur aliquem fracta persensi mente dolorem?   20
quid uolui quod nolle bonum foret? utile honesto
cur malus antetuli? num dicto aut denique uultu
perstrictus quisquam? cur me natura magis quam
disciplina trahit? sic dicta et facta per omnia
ingrediensque ortoque a uespere cuncta reuoluens   25
offensus prauis dat palmam et praemia rectis.

19 egenum *Vossianus*   20 Qur *S*   21 quid nolle *S*   furet *B* :
foret Γ*d sed praecedente* et   23 perstrictus Γ*S* : perstrictis *B*
quisquam est? *Riese*   24 sic dicta per omnia factaque Γ   25
ingrediensque (*sic*) *B* : ingrediens *reliqui mei codices*   hortoque *B*
26 det *B Vossianus* : dat *F*Γ *d Sangallensis* 899

PVBLII VIRGILII. EGLOGA. FIN. *B*

MAECENAS

MAECENAS

SIGLA CODICVM

B = Bruxellensis 10675, collatus ab Aem. Grosse in
    Fleckeiseni Annal. Philol. 1869, p. 278   saec. xii
P = Paris. 16236 uu. 1–43 continens   xi
    Collatus est a Chatelainio *Revue de Philologie*,
    1880, p. 80
M = Mellicensis uu. 1–25 continens, collatus a Carolo
    Schenkl   xi
Ar = Arundelianus 133 Musei Britannici   xv

$\left\{ \begin{array}{l} v = \text{Vat. 3269} \\ \phi = \text{Phillippicus 7283} \\ \chi = \text{Bodl. Auct. F. 4. 28 (Madan 8863). Fuerat} \end{array} \right\}$ xv
    ' Petri Seruii medici '

Hos omnes, praeter Mellicensem, ipse denuo excussi. Est ubi
lectiones citaui aliorum codicum, uelut Rehdigerani S. 1. 6. 17.
Mellicensis collationem, a patre suo factam, misit ad me filius
H. Schenkl.

DEFLERAM iuuenis tristi modo carmine fata,
   sunt etiam merito carmina danda seni :
ut iuuenis deflendus enim tam candidus, et tam
   longius annoso uiuere dignus auo.
inreligata ratis, numquam defessa carina,   5
   it, redit in uastos semper onusta lacus.
illa rapit iuuenes prima florente iuuenta,
   non oblita tamen sed †repetitque senes.
nec mihi, Maecenas, tecum fuit usus amici.
   Lollius hoc ergo conciliauit opus.   10
fidus erat uobis nam propter Caesaris arma
   Caesaris et similem propter in arma fidem.
regis eras, Etrusce, genus : tu Caesaris alti
   dextera, Romanae tu uigil urbis eras.
omnia cum posses tanto tam carus amico,   15

Titulo carent BM   P. VIRGILI MARON MORETVM FINIT ITEM MAE-
CENAS EIVSDEM INCIPIT *P*   MECENAS : MARONIS *miniatis litteris* φ,
dein Scripsit carmen de morte Mecenatis nepotis *uiridantibus*; MECENAS
MARONIS χ ; Elegia MAECENATIS *Ar. In has elegias utilem dissertationem
scripsit Fridericus Lillge Vratislauiensis : disputauit de quibusdam
uersibus Iulius Ziehen Mus. Rhen.* LII. 452

3 enim *BP* : erat *Rehdigeranus* χ   tam] iam *M*   et tam] eciam
BP   4 auo] erat φ   5 inreligata ratis *codd.*   uadis *Pierson*
carina *codd.* : Charontis *Cannegieter* : Charonis *Ribbeck post* ratis
distinguebat H. Meyer   6 it *ed. Ascens.* 1507 : et *codd.*   honusta
φχ   8 oblita] oppleta *Cannegieter*   sed repetitque *codd.* : *fort.*
cit repetitque, *cf. Neue-Wagener Formenlehre* III. 287 : subripit usque
Scriuerius : sed rapit usque *uel* sera petitque *Burmannus* : uerum
uidetur repetit *sicut apud Liuium* XXI. 28 'primis (elephantis)
                                         e
expositis alii deinde repetiti ac traiecti sunt '   9 macha nas *ex*
machaneas *B* : mecenas *M*   tecum] tucum *v*   10 lollius *BP Ar* :
illius *v*φ : al. allius *marg.* χ : Iccius *Baehrens*   ergo] aegro *Heinsius*
11 fidus *codd.* : foedus *Heinsius*   erat *BPM* : eras *v*χ   uobis
BMPv : nobilis χ : nobis *Rehdigeranus*   12 et *om. PM* : it *B*
13 et(th *Ar*)rusce genus *BPM Ar* : genus etrusce (hętruscę *v*) *v*φ :
etrusci χ   almi *codd.* : alti *Heinsius*   14 romane tu uigil
χ : romana uuiigil *B* : romana ettu uigil *P*, *et sic M sed erasa
ultima hasta litterae* u (*H. Schenkl*)   15 carus χ : clarus *BPM*

te sensit nemo posse nocere tamen.
Pallade cum docta Phoebus donauerat artis,
  tu decus et laudes huius et huius eras.
uincit uulgaris, uincit Berytus harenas,
  litore in extremo quas simul unda mouet.   20
quod discinctus eras, animo quoque, carpitur unum :
  diluis hoc nimia simplicitate tua.
sic illi uixere, quibus fuit aurea Virgo,
  quae bene praecinctos postmodo pulsa fugit.
liuide, quid tandem tunicae nocuere solutae ?   25
  aut tibi uentosi quid nocuere sinus ?
num minus Vrbis erat custos et Caesaris obses ?
  num tibi non tutas fecit in Vrbe uias ?
nocte sub obscura quis te spoliauit amantem ?
  quis tetigit ferro durior ipse latus ?   30
maius erat potuisse tamen nec uelle triumphos,
  maior res magnis abstinuisse fuit.
maluit umbrosam quercum nymphasque cadentis

17 doctas φχ   artes *codd. plerique*: artis *corr.* φ   19 Berytus
scripsi: beritus *BPM*: berithus *Ar*: peritus *vφχ*: berillus *Ald.* 1517
   h
harenas *M*: aranas *B*   20 quas φχ: quam *BP Arv*   mouet] uomit
Barthius   21 distinctus *B*: disiunctus *Ar*: cinctus *v*: dis cunctus *P*
animo quoque *codd.*: nimium, quod *Ruhnken*   unum *BP Ar*: una *vφ*
et χ m. pr.: uno *corr.* χ   namque id prope carpitur unum *Heinsius*
num animo, quod c. unum ?   22 diluis] diluui *M*: diluuii *BP*
hoc] ac *vφχ*   diluitur *Ald.* 1517, *Riese*   nimia simplicitate tua *codd.*:
animi simplicitate tui *Chatelain*   24 pustmodo *M*¹   25 liuide *uetus*
membrana Scaligeri: liuida *BMPv*: inuide χ, *Ascens.* 1507.   *Hic*
uersus ultimus est fol. 214ᵇ *in M, fol.* 215ᵃ *uacuum est* (*H. Schenkl*)
26 quid uentosi quid *B*   27 nun *v*   caesaris] careris *B*: carceris
Ribbeck   opses *B*: obses *Pvφ*: hospes *suprascr.* obses *Ar*   28
num tibi φ *Ar*: nunc tibi *BP*: non tibi χ: nun tibi *v*: nuncubi
                                       u
Scaliger   orbe *B*   29 oscura *Bvχ*   uiolauit *Ar*   euentem χ *et sic*
Heinsius   31 malus erat *BP*: maluerat *A. Palmer*   potuisset *P*
nec *bis B*   32 maior res *Ar et Rehdigeranus*: maiores *BPvφχ*
magnis *BP Ar*: maius *vφχ*   33 quercum *vφχ*: que *BP*   lymphas
Wernsdorf   cadentes *BP*: canentes *vφχ Ar*

paucaque pomosi iugera certa soli.

Pieridas Phoebumque colens in mollibus hortis 35
    sederat argutas garrulus inter auis.

marmora Maeonii uincent monumenta libelli,
    uiuitur ingenio, cetera mortis erunt.

quid faceret? defunctus erat comes impiger idem
    miles et Augusti fortiter usque pius. 40

illum piscosi uiderunt saxa Pelori
    ignibus hostilis reddere ligna ratis.

puluere in Emathio fortem uidere Philippi.
    tam non ille tener, tam grauis hostis erat!

cum freta Niliacae texerunt lata carinae, 45
    fortis erat circa, fortis et ante ducem;

militis Eoi fugientia terga secutus,
    territus ad Nili dum fugit ille caput.

pax erat: haec illos laxarant otia cultus.
    omnia uictores Marte sedente decent. 50

Actius ipse lyram plectro percussit eburno,
    postquam uictrices conticuere tubae.

---

34 certa] culta *Ald.* 1517 : *num* terta?   35 pierides χ   36
sederat *v*φχ : se super *BP* : saepe erat *Riese*   grallulus φ   37
marmora tminei *B* : marmora minaei *P* : m. meonii *Arv* : m.

meonis φ : menonii χ : barbara Maeonii *Eldik* : marmorea Aonii.
dein marmora Smyrnaei *Scaliger* : cygnei *Buecheler* : m. temnentur
Riese : *fort.* marmorea Ionii   uincent *BP* : uincunt *v*φχ   moni-
menta *P*χ   39 facere *BP*   defunctus] discinctus *A. Palmer,*
Birt   im(n φ)piger φχ : integer *BP Ar* : ingēt *v*   '*Structura*
haec: fortiter defunctus erat idem comes inpiger et miles Augusti
usque pius.' *Ribbeck*: *uide tamen quae scripsi in Amer. J. Philol.*
IX. p. 269   41 uiderunt] uoluerunt *v*φ   42 hostilis
Ar : hostiles *BPv*φχ   iacere φ : *num* tradere *sicut coni.*
Scaliger?   ratis *BP Ar* : rates *v*φχ   44 *sic scripsi*: tam nunc
B : quam tunc *v*φχ *Ar*   quam . . . tam *Ascens.* 1507, *Meibomius* :
tam . . . quam *Riese* : quam . . . quam *Ribbeck*   45 l(a)eta *BP Ar* :
lata *v*φχ *recte fortasse, ut Riesio uisum est, cf. Lillge ad hunc uersum*
46 eras φ   circum *v*φχ : circa *B Ar*   duces χ   47 fugientis *codd.* :
fugientia *Heinsius plusquam probabiliter*   48 nilii χ   capud *B*
49 haec *ex* ac *B*   illo *Bv*φ : illos χ   laxarunt *v*χ : laxarant *B et*
Rehdigeranus   50 omnia] otia *Meineke* : somnia *Birt* : mollia
Buecheler   uictoris *B*   ducem χ   52 turbe *B*

hic modo miles erat, ne posset femina Romam
    dotalem stupri turpis habere sui.
hic tela in profugos (tantum curuauerat arcum)   55
    misit ad extremos †exorientis† equos.
Bacche, coloratos postquam deuicimus Indos,
    potasti galea dulce iuuante merum,
et tibi securo tunicae fluxere solutae;
    te puto purpureas tunc habuisse duas.   60
sum memor, et certe memini, sic ducere thyrsos
    †bache purpurea† candidiora niue.
et tibi thyrsus erat gemmis ornatus et auro,
    serpentes hederae uix habuere locum.
argentata tuos etiam talaria talos   65
    uinxerunt certe, nec puto, Bacche, negas.
mollius es solito mecum tum multa locutus,
    et tibi consulto uerba fuere noua.
impiger Alcide, multo defuncte labore,
    sic memorant curas te posuisse tuas,   70
sic te cum tenera †multum† lusisse puella,
    oblitum Nemeae iamque, Erymanthe, tui.
ultra numquid erat? torsisti pollice fusos.

    53 ne] nec *B*: n̄ χ   54 strupri *B*   herere *v*: *fort.* stupris subdere
turpis herae   56 ex orientis *B*: mox o. *Heinsius*: *num* acta? *an* uix?
57 *num* caloratos?   Indos] innos χ   58 galeam χ   60 nunc χ
61 sum memor et certe ////// sic ducere tirsos *B sed ita ut* sic ducere
tirsos *alia manu et serius adiecta uideantur*: sum memor et certe
memini sic dicere tyrso χ: sic ducere tyrsos *v*: meministi ducere
Buecheler: *fort.* num memor es? certe memini sic dicere thyrso   62
baccha purpuera χ: bache purpurea *B*: bachea purpurea *vφ Ar*: prae
pura *Oudendorp*: praepura *Riese*.   *Ego ex* purpuera *quod habet* χ *ratus
sum eliciendum esse* Bacche puer pura (*Amer. J. Philol.* IX. *p.* 270):
bracchia purpurea *Ald.* 1517   63 geminis *B*   64 edere χ
65 talaria *B*: scandalia χ: sandalia *vφ*: plantaria *Burmannus*: *an*
spatalaria?   67 tecum tu φ   69 inpiger *Bvφ*χ   defuncto χ:
defunct// *B*   70 curas] turas χ   potuisse *B*   71 tecum t. multum
B: tecum t. tecum lus(luss χ)isse *vφ*χ: laetum lus. *Ascens.* 1507:
fort. sic te cum tenera, te conlusisse p.   72 ne mea *B*: nemee
φ: nemees χ   73 ultra *Ascens.* 1507: ultro *Bvφ*χ   numquid erat
B: numquierat χ: nunqui erat φ   fusos] fosu χ

lenisti morsu leuia fila parum :
percussit crebros te propter Lydia nodos,   75
  te propter dura stamina rupta manu ;
Lydia te tunicas iussit lasciua fluentis
  inter lanificas ducere saepe suas.
claua torosa tua pariter cum pelle iacebat,
  quam pede suspenso percutiebat Amor.   80
quis fore credebat, premeret cum iam impiger infans
  hydros ingentis uix capiente manu,
cumue renascentem meteret uelociter hydram,
  frangeret immanis uel Diomedis equos,
uel tribus aduersis communem fratribus aluum   85
  et sex aduersas solus in arma manus ?
fudit Aloidas postquam dominator Olympi,
  dicitur in nitidum procubuisse diem,
atque aquilam misisse suam, quae quaereret, ecqui
  posset amaturo †signa referre† Ioui.   90

---

74 lenisti *Ar* : leuisti *Bυφχ*   morso χ   lenia φχ *Ar*   filia *B*
77 te tunicas] theutonicas *Ar*   fluentes χ : fouentes *B Ar* : fauentes *υ*   78 ducere] sumere *Wakker*   saepe] saeue *Birt*
79 torose *Heinsius*   tua *B* : tibi χ *nisi me fallit compendium*
scripturae, Rehdigeranus   iacebant χ   80 qua χ   suspensam
Ruhnken   81 cum iam premet *B Ar* : cum iam premit *υφχ* : premeret cum iam *Ald.* 1517   rumperet *Scaliger*   inpiger *Bφ*   82
hidros *B* : hidros *υφχ*   83 cum uere nascentem *B* : cum uerena-
scentem φ : cum uero n. χ   terret *Bφχ* : tenet *υ* : tereret *Ald.* 1517 :
meteret *Struchtmeyer*   uelociter *Bχ* : uelotie φ : torreret letifer
Maehly : uelociter ureret *Riese*   *num* uitaliter ? *h. e. ut ad uitam*
et uitalia perueniretur   84 in manes *B*   86 in arma *suspe-*
ctum   87 Aloidas *Ald.* 1517 : f. et aloidas *Ar et Rehdigeranus* : fudit
& enidas χ *sed* & e *alia manus pallidiore atramento addidit* : f. et
oe(e *υ*)nidas *Bυ*   88 in] et φ ·   procub. *φχ Ar* : percub. *Bυ*
diem *Bυφχ Ar* : bouem *traditur habuisse codex Salmasii*   89
misse *B*   et quid *Bυ* : et qui χ *et* φ *m. pr., mox uiridi atramento*
que *correctum*   90 maturo *codd.* : amaturo *Ascens.* 1507   signa
referre *codd.* : signifer esse *Scaliger* : digna referre *Heinsius* : *fort.*
sicera ferre. *Goetz, Thes. Glossar. Emendatarum* sicera omnis
confectio liquoris qui uinum imitatur et inebriat. *Et rursus* : est omnis
potio quae extra uinum inebriare potest, cuius licet nomen hebraeum
sit tamen latinum sonat

ualle sub Idaea tum te, formose sacerdos,
   inuenit et presso molliter ungue rapit.
sic est. uictor amet, uictor potiatur in umbra,
   uictor odorata dormiat inque rosa.
uictus aret uictusque metat, metus imperet illi,   95
   membra nec in strata sternere discat humo.
tempora dispensant usus et tempora cultus ;
   haec homines, pecudes, haec moderantur auis.
lux est, taurus arat ; nox est, requiescit ; arator
   liberat emerito feruida colla boui.   100
conglaciantur aquae, scopulis se condit hirundo ;
   uerberat egelidos garrula uere lacus.
Caesar amicus erat ; poterat uixisse solute,
   cum iam Caesar idem, quod cupiebat, erat.
indulsit merito. non est temerarius ille.   105
   uicimus. Augusto iudice dignus erat.
Argo saxa pauens postquam Scylleia legit
   Cyaneosque metus, iam religanda ratis,
uiscera dissecti mutauerat arietis agno
   Aeetis, sucis omniperita suis.   110

91 dum *Bυφχ* : tum *uel* cum *Heinsius*   sacerdos] *fort.* satelles
93 uictor *alterum om. v*   pociatur *B* : potcatur χ : spatietur
Scaliger   94 adorata χ   dormiet χ   95 uictus aret uictusque
//// metat *B* : uictorem uictusque metat (mentat χ) φχ : uictorem uictus metuat *v*   metus] mentus χ   96 instratam χ :
instata *v*   cernere *vφ*   ternere *dein* cernere χ   97
dispensat χ : dispenset φ   98 nec . . . nec χ   99 nox *v*χ :
non *B*   requiescit : arator *Meibomius* : requiescit arator *uulg.*
100 liberat et merito *Bφ* : libera et emerito χ : liberat emerito *Ascens.*
1507 : *fort.* liberet   101 conglac(t *Ar*)iantur *B Ar* : conglutinantur
*vφ*χ   se condit *codd. praeter B* : sedit *B*   102 egelidos *Scaliger* :
et gelidos *codd.*   ga//rrula *B*. *Post hunc uersum lacunam statuit*
Ribbeck   104 cesarides φ *et ed. Ascens.* 1507   105 induxit χ
indulsit : merito *Meibomius*   107 argo *B Ar* : ergo *vφ*χ   pauens
B Ar : parens *vφ*χ   sc(t φ)illeia *Bφ* : silleia χ : Scylaceia legit
Heinsius : Scyllaea relegit *Salmasius*   108 metus] fretus *Maehly*
rates *B*   109 dissecti *v* : disiecti *B Ar* φ : dasiecti χ   mu-
tauerit *B*, -uerat *v Ar* : -uit φχ   arietis agni *codd.* : agno *Ald.* 1517 :
fort. dissecto mutauerat ariete in agni (uiscera). *Apollod.* i. 9 *fin.*
κριὸν μελίσασα καὶ καθεψήσασα ἐποίησεν ἄρνα.   110 A œ/es *B* :

his te, Maecenas, iuuenescere posse decebat;
  haec utinam nobis Colchidos herba foret!
redditur arboribus florens reuirentibus aetas:
  ergo non homini, quod fuit ante, redit?
uiuacisque magis ceruos decet esse pauentis,   115
  si quorum in torua cornua fronte rigent?
uiuere cornices multos dicuntur in annos:
  cur nos angusta condicione sumus?
pascitur Aurorae Tithonus nectare coniunx,
  atque ita iam tremulo nulla senecta nocet.   120
ut tibi uita foret semper medicamine sacro,
  te uellem Aurorae complacuisse uirum!
illius aptus eras croceo recubare cubili,
  [et, modo puniceum rore lauante torum,
illius aptus eras roseas adiungere bigas,]   125
  tu dare purpurea lora regenda manu,
tu mulcere iubam, cum iam torsisset habenas
  procedente die respicientis equi.
quaesiuere chori iuuenum sic Hesperon illum,

aetas et υφχ : Aeetis *Scaliger*   omne perita *Βυφχ* : omniperita
Scaliger, *Salmasius*   *Ouid. Her.* VI. 128 Medeae faciunt ad scelus
omne manus   111 iste *B*   mecenas *Bχ*   decebat *v* :
dicebat *Bχ* : decebas φ : licebat *Baehrens*   112 haec] o χ   113 redditus (reddit') *B* flores *B Ar et eraso quod fuerat* χ reuirentibus *B* :
recurrentibus υφχ : reuocantibus *Ar*   aetas *Ald.* 1534 : (a)estas
codd.   114 ergo *codd.*, *cf. Lachmann ad Propertium p.* 236 : aegro
Riese : uer cur *Heinsius* : uer o *Oudendorp* : et uer *Baehrens*
115 uiuaces *om.* que *B*   ceruos *Βυφ* : euos χ   pauentis φ :
fauentes χ   116 in quorum *malebat Baehrens*   rigent *om.* χ
118 cornos φ   119 tythone χ   120 atque ita iam *Βυχ* :
atque illi iam *Ar et Rehdigeranus* : *fort.* atque illi *om.* iam   122
uirum φ[1] *mox correctum in* scurum (?) *uel* sirum   123, 4 in *B loco suo*
omissi post additi sunt in membranula transuersa multo maioribus
litteris. Interpolationis hoc signum credidi, unde 124, 125 *uncinis*
inclusi   123 aptus *B* : actus υφχ   incubare χ   124, 5
om. υχ *et ed. Ascens.* 1507   124 phoeniceo *B*   lauante *B* :
leuante *Rehdigeranus* : leuare *Meibomius*   125 illius aptus eras
interpolata putat Riese, nisi forte duae recensiones hic inter se commisce-
antur   126 tu *B Ar χ* : et *Francius*   regende φ (? regente)
129 q. chori iuuenum sic hespero nilum *B*   thori χ : Locri
Buecheler   iuuenem υχ *Ar*   illum] olim *Scaliger*

quem nexum medio soluit in igne Venus,   130
quem nunc in fuscis placida sub nocte nitentem
    Luciferum contra currere cernis equis.
hic tibi Corycium, casias hic donat olentis,
    hic e palmiferis balsama missa iugis.
nunc pretium candoris habes, nunc redditus umbris :   135
    te sumus obliti decubuisse senem.
ter Pylium fleuere sui, ter Nestora canum,
    dicebantque tamen non satis esse senem.
Nestoris annosi uicisses saecula, si me
    dispensata tibi stamina nente forent.   140
nunc ego quid possum ? tellus leuis ossa teneto,
    pendula librato pondus et ipsa tuum.
semper serta tibi dabimus, tibi semper odores,
    non umquam sitiens, florida semper eris.

    *   *   *

sic est Maecenas fato ueniente locutus,   145
    frigidus et iamiam cum moriturus erat.
Men, inquit, iuuenis primaeui, Iuppiter, ante
    angustam Drusi non cecidisse diem !

130 quem *ed. Ascens.* 1507 : que *Bvφχ*   nexum *codd.* : necdum
Scaliger : uixdum *Ribbeck*   uenus *B* : nemus *vφχ*   131 in fusci *B* :
infusi *Ar* : infuscis *vφ* : in fuscis *χ*   *Ante* 133 *nonnulla excidisse
ratus est Burmannus, lacunam statuit Ribbeck*   133 coritium *vφ* :
om. χ   olentis *B* : olentes *vχ*   134 e *Ald.* 1517 : et *Bvφχ* : ec
Ribbeck   135 nunc *vχ* : hunc *Bφ* : hoc *Buecheler*   habes ñ
χ   redditus *Bφχ* : redditur *v*   136 decubuise *v*   137
ter *vφχ* : te *B et Lillge p.* 64   pilium *codd.* : Phrygium
Schrader, cf. Stat. Theb. V. 752, *S.* II. 2. 108   138 dicebantque
tamen *B Rehd.* : dicebant tamen hunc *vχ*   139 annosi *ed. Ascens.*
1507 : annosa *BχAr* : annosam φ   uicisses *ed. Ascens.* 1507 :
uixissem *B Arφ*   140 nente *Ald.* 1517 : nempe *codd.*   141
quid] quod *B*   142 libra : (*sic*) φ   143 hodores χ : honores *B*   144 Non numquam χ   *Versus* 145–178 *coniuncti
cum* 144 *leguntur in codicibus nullo interstitio : eos alterius elegiae
esse primus opinatus est Scaliger, separatim edidit Pithoeus*   145 (1)
est] et χ   146 (2) etiam iam *B*   147 (3) men *B*   inquid *B*
primeuicum *B*   turpiter *v*   148 (4) angustum bruti non c.
fidem *B et sic vφχ Ar nisi quod* angustam *v* : augustam *χ Ar* :
augusti φ   Drusi *Francius et I. F. Gronouius*   diem *Heinsius*

5   pectore maturo fuerat puer, integer aeuo,
     et magnum magni Caesaris illud opus.   150

   discidio uellemque prius—non omnia dixit:
     inciditque pudor, quae prope dixit amor.

   sed manifestus erat: moriens quaerebat amatae
10   coniugis amplexus, oscula, uerba, manus.

   si tamen hoc satis est, uixi, te, Caesar, amico,   155
     et morior, dixit, dum moriorque sat est!

   mollibus ex oculis aliquis tibi procidet umor,
     cum dicar subita uoce fuisse tibi.

15 hoc mihi contingat, iaceam tellure sub aequa.
     nec tamen hoc ultra †te potuisse uelim,   160

   sed meminisse uelim. uiuam sermonibus illic,
     semper ero, semper si meminisse uoles.

   et decet et certe uiuam tibi semper amore,
20   nec tibi qui moritur desinit esse tuus.

   ipse ego, quidquid ero, cineres interque fauillas, 165
     tum quoque non potero non memor esse tui.

   exemplum uixi te propter †molle beate†
     unus Maecenas teque ego propter eram.

150 (6) *Cons. ad Liuiam* 39 Caesaris illud opus (*Lillge*)   151 (7)
discidio *Buφχ* : discedo *Ald.* 1517   dicit *u* : dici *φχ*   152 (8) pudor]
puer *χ*   quae] qui *u*   153 (9) sed] se *χ*   *post* moriens *interpunxit*
H. Meyer   amatae] amāte *χ m. pr. sed eraso mox* ⌢   155 (11) si
tamen *uχ* : sed tamen *B Ar*   est *om. B*   cesare *uφχ*   156 (12)
morior *om.* que *χ spatio tamen relicto*   sat est *Pithoeus* : satis
est *u* : satis *Bφχ Ar*   157 (13) procidat *Riese*   umor *Ribbeck* :
humor *codd.*   159 (15) tibi *χ*   160 (16) nec tamen hoc
ultra te potuisse uelim *B Ar uχ sed* hoc *pro* te *uχ* : nec tamen hoc
ultra me potuisse uelim *ed. Ascens.* 1507 : te doluisse *Heinsius* :
nec tamen hoc ultra non (*uel* nil) potuisse uelim *ego*   163 (19)
et d. *codd.* : hoc d. *Ribbeck*   amore *ed. Ascens.* 1507 : amare *Bφχ*
Ar : amicus *Rehdigeranus* : amate (*uocat.*) *Baehrens*   164 (20)
molitur *χ*   desinet *χ*   165 (21) quidquid *Ribbeck* : quicquid
Buχ   166 (22) quoque] ego *uχ*   167 (23) molle beate *codd.*
beati *Salmasius* : *fort.* beatis   exemplum uixi te propter
nobile et ob te unus Maecenas teque ego propter eram *Scaliger*
fort. mollibus aeui *uel* nolle beari   168 (24) unus *codd.* : unctus

          a
Maehly   mecenas *B*   ego *om. χ*

25   arbiter ipse fui : uolui quod contigit esse,
      pectus eram uere pectoris ipse tui.   170
    uiue diu, mi care senex, pete sidera sero :
      est opus hoc terris, te quoque uelle decet.
    et tibi succrescant iuuenes bis Caesare digni,
30   et tradant porro Caesaris usque genus.
    sed tibi sit curae quam primum Liuia coniunx. 175
      expleat amissi munera rupta gener.
    cur deus in terris? diuis insignis auitis,
      te Venus in †patrio collocet ipsa sinu.

---

169 (25) arbiter *Bυφχ* : arbitror *Ar*   uoluit *codd.* : uolui *Ald.*
1517   quod] que φ : *fort.* uolui quo contigit isse   171 (27)
mi care senex, *Meibomius, Ribbeck* : mi care, senex *Riese* : micare
B coniunctim   sero *super rasuram B*   173 (29) sub-
crescant χ bis] uis χ   175 (31) sed tibi sit curae *scripsi* : sit secura
tibi *B Ar* : sed tibi secura *υφχ*   quam *B* : cum *Ar* : quod φ : quo υ
177 (33) cur *scripsi* : cum *codd.* : tum *Wernsdorf*   intersis *Ribbeck*
post terris *erasae sunt duae litterae in B*   auitis *codd. praeter* χ :
et austis χ, *unde* astris *coni. Burmannus, cf. Herc. Oet.* 1575, 1952,
Friedlaender ad Mart. IX. 101 *fin.*   178 (34) patrio *codd.* : *sic etiam
Ascensius, Scaliger, Pithoeus, Meibomius* : proprio *Ribbeck, Riese,
Baehrens*   ipsa *Bυχ* : alma *Ar*

FINIS AMEN LAVS DEO MECENAS MARONIS EXPLICIT *praeterea* φιυις *in
sinistro margine,* τελως *in dextro* χ   FINIS *miniatis litteris* φ   Finit
elegia inuenta ab henoc in dacia υ   *nulla subscriptio in B*

ADDENDA ET CORRIGENDA

Sero ad me missa est, quod ualde doleo, dissertatio de *Ciris* locis nonnullis ab I. M. Linforth scripta et in Diario Philologico Americano anni 1906 edita pp. 438-46. Notandum tamen quod u. 361 sic corrigit

> cum Ioue communes qui *debet* habere nepotes

u. 490 sic

> hic uelut in niueo *tenerae* cum primitus ouo

Cul. 171 *app. crit.* caput] rapit, *non* caput rapit

Cir. 245 *app. crit.* cf., *non* cp.

Cop. 29, *app. crit.* XI. 76, *non* 76.

INDEX NOMINVM

Achaicus *Cat.* V 2
Achelois *Cop.* 15
Acrisione *Cat.* IX 33
Actaeus *Cir.* 102, 105
Actius *Maec.* 51
Admetus *Cul.* 264
Adrastea *Cir.* 239
Aeacides *Cul.* 297, 322
Aeetis *Maec.* 110
Aegaeus *Cul.* 355   *Cir.* 474
Aegina *Cir.* 477
Aeneas *Cat.* XIV 3
Aetnaeus *Cul.* 332
Afer *Cir.* 480   *Mor.* 32   *Cat.* IX
  51
Africus *Dir.* 39
Agaue *Cul.* 111
Aglaie *Cat.* IX 60
Alcathous *Cir.* 106
Alcestis *Cul.* 262
Alcides *Maec.*69
Alcon *Cul.* 67
Alóidae *Maec.* 87
Amathusia *Cir.* 242
Amor *Cir.* 289   *Cop.* 20   *Cat.*
  XIV 10   *Maec.* 80
Amphitrite *Cir.* 73, 486
Amyclaeus *Cir.* 376, 489
Aphaea *Cir.* 303
Apollo *Vir B.* 2
Arabus *Cir.* 238
Argeus *Cul.* 343
Argiuus *Cul.* 335
Argo *Maec.* 107
Argolicus *Cul.* 303
Argous *Cul.* 137
Arna *Cul.* 14
Ascraeus *Cul.* 96
Asia *Cat.* III 4
Assyrius *Cul.* 62   *Cir.* 440
Asterie *Cul.* 15

Athenae *Cir.* 22, 469   *Cat.*
  XIII *a* 3
Athos *Cul.* 31
Atilius *Cat.* XII 5
Atrides *Cul.* 334
Attalicus *Cul.* 63
Atticus *Cir.* 115   *Cat.* II 3
Augustus *Maec.* 40, 106
Aurora *Cul.* 44   *Lyd.* 72   *Maec.*
  119, 122

Bacchus *Cir.* 229   *Lyd.* 12   *Cat.*
  IX 60   *Maec.* 57, 66
Battarus *Dir.* 1, 14, 30, 54, 64,
  71, 97
Berytus *Maec.* 19
Bistonis *Cir.* 165
Bistonius *Cul.* 252
Boreas *Dir.* 37
† Boethus *Cul.* 67
Britomartis *Cir.* 295, 296
Brixia *Cat.* X 5
Bromius *Cop.* 20

Cadmeis *Cul.* 111
Cadmeus *Cul.* 254
Caerateus *Cir.* 113
Caerulus *Cat.* X 7
Caesar *Cat.* XIII 9   XIV 11
  Maec. 11, 12, 13, 27, 103, 104,
  150, 155, 173, 174
Calliope *Cat.* XIV *a* 4
Calybita *Cop.* 25
Camenae *Cat.* V 11, 12
Camillus *Cul.* 362
Cancer *Vir B.* 7
Caphereus *Cul.* 354
Capricornus *Vir B.* 8
Carme *Cir.* 220, 278, 285
Carpathius *Cir.* 113
Carthago *Cul.* 371

INDEX NOMINVM

INDEX NOMINVM

INDEX NOMINVM

INDEX NOMINVM

OXFORD CLASSICAL TEXTS

GREEK   *All prices are net*

	Cloth	India Paper
AESCHYLUS. A. Sidgwick. Second edition	4s 6d	6s
ANTONINUS. J. H. Leopold	4s	
APOLLONIUS RHODIUS. R. C. Seaton	4s	
ARISTOPHANES. F. W. Hall, W. M. Geldart		10s 6d
I. *Ach., Eq., Nubes, Vesp., Pax, Aves.* Second edition	4s 6d	
II. *Lys., Thesm., Ran., Eccl., Plutus, Fragmenta.* Sec. ed.	4s 6d	
ARISTOTLE. I. Bywater, F. G. Kenyon		
De Arte Poetica. Second edition	3s	
Ethica. (On quarto writing paper, 10s. 6d.)	5s	
Atheniensium Respublica	3s 6d	
BUCOLICI GRAECI. U. v. Wilamowitz-Moellendorff	4s	6s
DEMOSTHENES		
I. *Orationes* I–XIX. S. H. Butcher	5s 6d	
II. i. *Orationes* XX–XXVI. S. H. Butcher	4s 6d	
II. ii. *Orationes* XXVII–XL. W. Rennie	4s 6d	15s
III. *Or.* XLI–LXI; *Prooemia*; *Epistulæ.* W. Rennie	6s	
EURIPIDES. G. G. A. Murray		15s
I. *Cyc., Alc., Med., Heracl., Hip., Andr., Hec.*	4s 6d	
II. *Suppl., Herc., Ion, Tro., El., I. T.* Third ed.	4s 6d	
III. *Hel., Phoen., Or., Bacch., Iph. Aul., Rhesus*	4s 6d	6s
HELLENICA OXYRHYNCHIA *cum Theopompi et Cratippi fragmentis.* B. P. Grenfell, A. S. Hunt	5s 6d	
HERODOTUS. K. Hude. Second edition		
I (Books I–IV)	5s 6d	15s
II (Books V–IX)	5s 6d	
HOMER		15s
I–II. *Iliad.* D. B. Monro, T. W. Allen		
Books I–XII. Second edition	4s	8s 6d
Books XIII–XXIV. Third edition	4s	
III–IV. *Odyssey.* T. W. Allen		
Books I–XII. Second edition	4s	8s 6d
Books XIII–XXIV. Second edition	4s	
V. Hymns, &c. T. W. Allen	5s 6d	
HYPERIDES. F. G. Kenyon	4s 6d	
LONGINUS. A. O. Prickard	3s 6d	

All prices are net
Cloth   India Paper

LYSIAS. K. Hude   4s 6d

PLATO. J. Burnet

   I–III   20s
   IV–V   20s
   I. *Euth.,Apol.,Crit.,Ph.; Crat. Tht.,Soph.,Polit.* Ed.2   7s 6d
   II. *Par.,Phil.,Symp.,Phdr.; Alc.I,II,Hipp.,Am.* Ed. 2   7s 6d
   III. *Thg., Chrm., Laches, Lysis ; Euthd., Prot., Gorg.,* } 7s 6d
         Meno ; Hp. Ma. et Min., Io, Mnx.
   IV. *Clitopho, Respublica, Timaeus, Critias*   8s 6d
         Republic separately (4to with margin, 12s 6d)   7s 6d   8s 6d
   V. *Minos, Leges ; Ep., Epp., Def., Spuria*   9s 6d

SOPHOCLES, *Fabulae.* A. C. Pearson   6s 6d   8s

THEOPHRASTUS, *Characteres.* H. Diels   4s 6d

THUCYDIDES. H. Stuart Jones
   Books I–IV   4s 6d }
   Books V–VIII.   Second edition   4s 6d } 10s 6d

XENOPHON. E. C. Marchant
   I–V   21s
   I. *Historia Graeca*, Ed. 2, and III. Anabasis   each 4s
   II. *Libri Socratici* and IV. *Institutio Cyri*   each 4s 6d
   V. *Opuscula*   7s 6d

LATIN

ASCONIUS. A. C. Clark   4s 6d

CAESAR, COMMENTARII. R. L. A. Du Pontet   10s
   I. *Bellum Gallicum*   3s 6d
   II. *Bellum Civile*   4s

CATULLUS. R. Ellis   3s 6d
   With *Tibullus* and *Propertius*   10s 6d

CICERO, EPISTULAE. L. C. Purser   21s
   I.   *ad Fam.*   7s 6d
   II. *ad Att., Pars* i (1–8), *Pars* ii (9–16)   each 5s 6d
   III. *ad Q. F., ad M. Brut., Fragm.*   4s

  ORATIONES. A. C. Clark and W. Peterson
   Rosc. Am., I. Pomp., Clu., Cat., Mur., Cael. Clark   4s }
   Pro Milone, Caesarianae, Philippicae. Clark. Ed. 2   4s } 21s
   Verrinae. Peterson. Second edition   5s }
   Quinct., Rosc. Com., Caec., Leg. Agr., Rab. Perduell., } 4s
       Flacc., Pis., Rab. Post. Clark
   Post Reditum, De Domo, Har. Resp., Sest., Vat., Prov. } 4s   } 18s 6d
       Cons., Balb. Peterson
   Tull., Font., Sull., Arch., Planc. Scaur. Clark   3s 6d

LATIN (*cont.*)

All prices are net

Cloth India Paper

CICERO (*cont.*)

RHETORICA. A. S. Wilkins

I. *De Oratore* — 4s

II. *Brutus*, &c. — 4s 6d

HORACE. E. C. Wickham. Ed. 2. H. W. Garrod — 4s | 6s

ISIDORI ETYMOLOGIAE. W. M. Lindsay. Two vols. 10s each 25s

LIVY. R. S. Conway and C. F. Walters

Books I–V — 7s 6d

Books VI–X — 7s 6d | 10s 6d

Books XXI–XXV — 6s

Books XXVI–XXX — 8s 6d

LUCRETIUS. C. Bailey — 5s | 7s 6d

MARTIAL. W. M. Lindsay — 7s 6d

NEPOS. E. O. Winstedt — 3s

OVID, *Tristia*, *Epistulae ex Ponto*, &c. S. G. Owen — 4s

PERSIUS and JUVENAL. S. G. Owen. Second ed. — 4s | 6s

PHAEDRUS, *Fabulae*. J. P. Postgate — 6s

PLAUTUS. W. M. Lindsay

I. *Amphitruo–Mercator* — 7s 6d

II. *Miles Gloriosus–Fragmenta* — 7s 6d

PROPERTIUS. J. S. Phillimore. Ed. 2. (I.P., see Catullus) — 4s

STATIUS

Silvae. J. S. Phillimore. Second edition — 4s 6d

Thebais and *Achilleis*. H. W. Garrod — 7s 6d

TACITUS

Annales. C. D. Fisher — 7s 6d

Historiae. C. D. Fisher — 5s   } 16s

Opera Minora. H. Furneaux — 3s

TERENCE. W. M. Lindsay and R. Kauer. Second ed. — 5s | 7s 6d

TIBULLUS. J. P. Postgate. Ed. 2 (I.P., see Catullus) — 3s

VELLEIUS PATERCULUS. R. Ellis — 5s

VIRGIL. Sir Arthur Hirtzel — 4s 6d | 6s

APPENDIX VERGILIANA. R. Ellis — 5s

The Oxford Greek Testament, 5s net (I. P. 7s 6d net); Dr. Souter's Pocket Lexicon to the above, 3s 6d net (I. P. 5s 6d net); The New Testament in Latin, 3s net (I. P. 4s 6d net).

All prices are subject to alteration without notice

OXFORD UNIVERSITY PRESS

Amen House   Warwick Square   London, E.C. 4